도예가 최차란의 '나의 삶 나의 영혼'

막사발에 목숨을 쏟아 놓고

도예가 최차란의 '나의 삶 나의 영혼'

막사발에 목숨을 쏟아 놓고

화산
문화

| 머리말 |

막사발에 사로잡힌 영혼

나의 선조는 흙을 다루는 내력이 있는 분들이었다. 나는 선조의 전통을 이어받아, 평생 흙과 더불어 살고 있다. 어릴 적 옹기를 굽는 가마의 불빛을 바라보며 꿈을 키우던 나는 젊은 시절 잠깐 외도를 했을 뿐, 평생을 가마 앞에서 보내고 있다고 해도 과언이 아니다.

내기 흙과 더불어 평생을 바치게 된 것은 어찌 보면 운명이랄 수밖에 없다. 젊었을 때 일본의 도쿄 박물관에서 우연히 본 '정호다완(井戶茶碗)'이라는 조선 시대 막사발 한 점. 우리 사기장의 손에 의해 구워진 우리네 밥사발이 일본의 국보로 지정되어 있는 것이었다.

그때부터 내 영혼은 막사발에 사로잡혀 버렸다. 일본의 국보가 된 우리의 막사발을 반드시 내 손으로 재현해 우리의 것으로 되살려 내겠다는 생각이었다.

그 길로 일본 곳곳을 돌면서 막사발이 어떻게 일본의 국보가 되었는지, 막사발의 숨은 내력은 무엇인지 탐구하기 시작했다. 그 결과 막사발이 일본으로 건너오면서 다도(茶道)에 쓰이는 그릇이 되었고, 토요토미 히데요시(豊臣秀吉) 시대에는 성(城) 하나와도 바꿀 만큼 가치가 있었다는 사실을 알게 되었다.

도대체 일본인들은 왜 우리의 막사발을 그토록 소중하게 여겼는가? 그것을 알기 위해 나는 다도를 배우고, 직접 막사발을 빚기 시작했다. 사발을 구워 보지 않으면 그 해답을 찾아낼 수 없을 것 같았다.

다도에 깊어지면서 일본의 다도는 거의 우리의 문화에서 비롯되었음을 알게 되었다. 그리고 그것을 되찾아오겠다는 생각에 국제적인 로비스트인 박동선(朴東宣) 씨에게 난맥상을 보이고 있던 우리 다도의 정립과 아울러 다도를 보급해야 한다는 이야기를 하였다. 내 이야기를 들은 그는 곧 한국차인회(韓國茶人會)를 설립하였고, 나는 경주차인회 회장을 맡게 되었다. 한편으로는 새등이요(史等伊窯)를 설립하고 막사발 재현에 혼신의 힘을 기울였다.

20여 년 동안 일본의 다도 평론가인 하야시야 세이조 선생에게 사발을 평가받으면서 마침내 형태의 재현을 이루었다. 그러나 빛깔의 재현을 앞둔 시점에서 전신암(全身癌) 선고를 받았다. 이미 내 나이 예순아홉에 이른 때였다. 의사도 포기한 몸이었지만 막사발의 완벽한 재현이라는 과제를 안고 있었던 나는 결코 죽을 수 없었다.

스물네 살부터 폐병을 시작으로 자궁암 등 평생을 거쳐 오히려 성한 날보다 아픈 날이 더 많았던 나였기에, 나름대로 단련이 되었지만 예순아홉 노구에 찾아온 전신암은 너무도 혹독했다.

하지만 죽음의 문턱에 이르렀다고 느꼈을 때, 문득 환상처럼 떠오른 생각이 내 목숨을 건져 주었다. 바로 황토방(黃土房)을 짓는 것이었다. 황토방에 약쑥을 깔고 몸이 타들어 갈 정도로 불을 땐 다음, 그곳에서 20일을 견디고 나자 기적처럼 암세포들이 사그라들고 통증이 사라졌다.

그리고 6년이란 세월이 지났다. 내 나이 일흔다섯. 6년 동안 후유증을 앓으면서도 우리 옛사발의 완벽한 재현을 위해 노력하며 그간의 삶과 철학을 원고로 정리하였다.

물레를 돌리면서 발견한 '회전원리 이치거산(回轉原理 理致去散)'이라는 나의 철학은 물론 투병 생활에서 발견한 황토의 신비한 능력, 막사발에 바친 나의 열정 등이 그 내용이다.

특히 회전원리 이치거산이라는 내 철학의 큰 줄기는 흙과 병마와 싸우면서 발로 차 돌리는 물레에서 터득한 것이다. 그것은 관심관찰(關心觀察)과 실천에 연결하는 사고에서 얻어진 것으로, 그 속에서 한 번뿐인 인생의 이치를 알게 되었고, 인생뿐만 아니라 우주로부터 이어진 모든 것은 한 번밖에 나타나지 않는다는 것을 깨달게 되었다. 또한 회전사상을 통해 죽음을 물리칠 수 있고, 삶도 죽게 하는 심회전(心回轉)을 이해하는 데 도달할 수 있게 되었다.

이처럼 삶과 죽음의 질곡을 넘나들며 터득한 것들은 모두 직접 체험한 것들로, 그것을 실행을 하는 데 있어 조금도 후유증이 생기지 않는 것이라고 감히 말할 수 있다. 또 이와 같이 직접 실천해 보지 않은 것은 세상에 공개하지 말아야 한다고 생각한다.

이제 암의 공포에서 완전히 벗어난 나는 다시 막사발의 완벽한 재현을 위해 이른 아침마다 도막으로 발걸음을 향한다.

경주 토함산 기슭 새등이요
무초(無草) 최차란(崔且蘭)

|추천의 글|

차 사발과 대화하는 즐거움

나는 생활에서 찾아내는 몇 가지 즐거움이 있다. 그 하나는 평범한 삶을 여의고 원불교에 몸을 담아 성직자의 길을 걷는 것이요, 둘은 마음 공부 방법을 알아 마음 닦는 재미가 물안개처럼 솔솔 피어나는 것이며, 그 셋은 차 사발과 대화를 통하여 생활에 활력을 찾는 즐거움이다.

사람마다 삶을 영위하면서 나름대로 즐거움이 있을 것이다. 그러나 내가 가진 세 가지 즐거움은 조금 생소하고 특이한 색깔을 가지고 있다. 의식주 해결을 위해서 하루를 온통 바치는 그런 생활 속에서 얻어지는 즐거움이 아니다. 그것은 수도 문중에 입문하여 몸과 마음을 다 바친 상태에서 정성 드린 결정체이다.

이 중 내가 즐기는 세 번째 즐거움은 또 다른 차원의 즐거움이 아닐 수 없다. 내가 차 사발과 대화하는 즐거움을 얻기까지에는 그 유래가 있다. 그것은 20년 전 오랜 과거로 되돌아가 경주에서 새등이요를 운영하는 무초 최차란(無草 崔且蘭) 선생을 만나면서부터이다.

선생이 물레를 발로 차면서 스스로 터득한 회전 중심의 원리와 사상 체계는 내가 몸 담고 있는 원불교 진리관과 한 맥락으로 통하는 것이었다. 우리 만남은 현실적인 의기투합만이 아니라 근원적인 원리에서 서로 회통(回通)하였다. 그래서 나는 수도하는 즐거움에 하나 더하여 문화적 차원의 즐거움인 차 사발과의 대화를 시작하였다.

나는 차 사발을 좋아한다. 좋아한다기보다 보고 즐기며 또한 사용하면서 대화한다. 차 사발에 담겨 있는 철학과 의미를 추구하는 재미가 있다는 말이다. 차 사발이 가진 생명력과 기운을 보고 있노라면 시간 가는 줄 모른다.

사발에서 풍기는 그 오묘한 기운, 원만하고 풍부한 포용감, 우주로 연결되는 그 광범한 선, 다양한 질감에서 풍겨 오는 느낌, 신비에 가까운 변화무쌍한 색깔. 이런 것을 찾아가는 시간이 어찌 즐겁지 아니할까? 뿐만 아니라 그 사발을 사용할 때 차가 담긴 사발에서 피어오르는 은은한 차 향기, 사발과 차가 만들어 내는 색상의 조화, 사발, 차, 찻물이 어우러진 중용의 극치인 차 맛, 사용하면서 일어나는 차 사발의 변화. 이것을 추구하는 즐거움은 그 무엇에도 비할 수 없다.

그래서 나는 차 사발을 사랑하게 되었다. 사발과의 대화는 수도하는 즐거움과 더불어 또 다른 나의 즐거움으로 자리매김하였다.

사발과 대화하는 즐거움은 일정한 틀에 고정된 즐거움이 아니다. 그것은 사발마다 각자 특징을 가지고 있기 때문이다. 즉, 차 사발마다 서로 다른 규모, 형태, 질감, 기운, 색상으로 인해서 느낌이 다르기 때문이다. 백자의 순수하고 깨끗함, 분청의 서민적인 편안함, 청자의 신비한 고귀함이 사용할 때마다 서로 다른 즐거움으로 내게 다가온다.

　나는 차 사발을 사랑한다. 이 세상의 어떠한 물건보다 사발을 사랑하게 되었다. 사발의 형태, 사발의 기운, 사발의 색상을 알고 보니 문화재를 보는 안목이 생겼다. 고대 탑을 보면 탑신에서 풍기는 기운을 볼 수 있고, 돌덩이가 오랜 세월을 지나면서 변화된 색상과 동일하기 때문이다.

　하지만 모든 사발에서 이런 즐거움을 찾는 것은 아니다. 적어도 사발을 빚을 때 기본적으로 구비해야 할 조건에 합당한 것이어야 한다.

　사발을 빚기 위해 처음 배합해 만드는 흙, 즉 태토(胎土)는 자기가 만들어야 하며, 전기 물레가 아닌 발 물레를 사용할 것이며, 장작 가마에서 구워 낸 사발이어야 한다. 이런 세 가지 조건을 갖춘 작가가 우리 시대에 그렇게 많지 않다. 나는 이런 조건을 갖춘 지극히 한국적인 혼이 살아 있는 분이 최차란 선생이라고 생각한다.

나는 사발을 사랑하면서 중용 철학의 실제를 알았다. 나는 사발을 사용하면서 그 변화하는 과정을 통해 인내와 끈기를 배웠다. 나는 사발을 통해서 인간과 자연의 신비한 조화를 알았다.

나는 사발을 사랑하면서 우주의 근원적 이치와 원리인 회전 중심 사상을 더욱 철저히 터득하였다. 그래서 차 사발과 대화하는 즐거움에 오늘도 행복하다.

원불교 부산 교구장
이성택

| 차례 |

머리말　　　막사발에 사로잡힌 영혼 · 4
추천의 글　　차 사발과 대화하는 즐거움 · 8
여는 글　　　6년 만에 지핀 가맛불 · 17

제1부 옹기장이의 따로 태어나

옹기 굽는 최제우의 후손 · 27
어머니, 나의 어머니 · 31
하고 싶은 것은 꼭 하고 마는 고집 센 아이 · 34
민족의식을 심어 준 선생님 · 37
꿈이런가, 사랑이여 · 40
여학교에 가기 위해 가출하다 · 47
결혼, 그리고 예기치 못한 불행 · 51
거듭되는 질병의 고통 · 55
한 올의 오차도 허용하지 않는 디자이너 · 58
문화재에 대한 눈을 뜨다 · 62
한쪽 폐를 들어내는 아픔을 딛고 · 66
황토물과 쑥뜸으로 고친 자궁암 · 70
민예사 설립 · 73
그래, 경주로 가자 · 78
직접 도자기를 굽기로 마음먹고 · 81
민예사를 운영하면서 생긴 일 · 85
도굴범이라는 누명을 쓰고 · 92

제2부 토함산 기슭에 가마를 묻고

해 뜨는 언덕의 새등이요 · 99
정호다완과의 만남 · 102
일본의 성과 맞먹는 조선 막사발 · 105
다도를 배우다 · 108
우리나라 밥상 철학에 연결시킨 다도 · 114
도의 의미를 깨달을 때까지 · 117
새등이 다도의 정립 · 121
한국차인회와 나 · 127
이상한 저녁 초대 · 132
미치광이 소리를 들으며 · 136
성형은 공심공력에 의한 것 · 139
사기장의 마음이란 · 143
첫 번째 가마 · 146
가마에 불을 때면서 · 151
석굴암 부처님 같은 사발 · 158
사발을 평가해 줄 사람을 찾아서 · 161
20여 년 간 찾아간 하야시야 세이조 · 165
이제 형태는 되었소 · 169

제3부 생명의 흙, 황토에 담긴 뜻

정호다완과 구정사발 · 177

빛깔을 찾아서 · 180

노여움도 잊고 분함도 잊어 · 184

욕쟁이 할머니 · 188

무초(無草)라는 호 · 192

내가 만난 사람들 · 196

   이당 김은호 선생 / 영원한 친구 윤경렬 선생 / 두 스승 고모리 슈운
과 하야시야 세이조 / 일본 인간 국조 즈까모도 가이시 / 다께자와
단이찌 선생과의 우정

막사발의 소중한 가치를 알리기 위해 · 208

빛깔 재현을 눈앞에 두고 찾아온 전신암 · 212

황토방에서 도자기처럼 구워진 몸 · 217

황토와 지장수 · 220

전신암도 극복하고 · 227

제4부 우주 원리에서 생활까지

회전 원리의 발견 · 233
회전 원리에서 우주 원리까지 · 237
모든 생사물은 지수화풍으로 맺게 된다 · 247
우주 원리, 그 이음의 증물들 · 253
마사황토에서 찾게 되는 진기 · 259
황토 발화의 성태기와 생태기 · 263
삶과 일 · 267
살기 위한 집 · 271
마사황토 방에 발화하는 오묘 · 273
황토요와 황토방을 활용하는 마음가짐 · 278

닫는 글 빛깔의 재현을 위하여 · 281

|여는글|

6년 만에 지핀 가맛불

　문득 눈을 떴다. 어느새 환하게 날이 밝아 있었다. 문을 여니 푸른빛을 머금은 아침 공기가 밀려들어 왔다. 맑은 날씨였다. 지난 밤 비가 온다는 기상 예보가 있어 다소 걱정스런 마음이 없지 않았는데, 밝은 햇살을 보니 다행이다 싶었다.
　며칠 전 나무가 미처 마르지 않아 가마에 밑불을 때다 그만두었던 터였다. 하늘에 달린 일이긴 하지만 만일 비가 온다면 나무 때문이라도 또 며칠 미뤄야 할 일이었다.
　아침 일찍부터 강성원 교무는 불 땔 준비를 하느라 분주하게 움직인다. 그는 전통 가마를 배우겠다고 몇 달 전에 나를 찾아온 원불교의 젊은 교무이다. 너나 할 것 없이 편한 것만 좇는 요즈음 같은 세상에 전통 가마의 가치를 알고 스스로 배우겠다며 나에게 왔으니 대견스럽다.
　전에도 몇 번 전통 가마를 배우겠다고 온 젊은이들이 있었으나 모두 고되고 힘든 작업에 스스로 손을 들고 가 버렸다. 그들 생각에는 전기 물레로 성형을 하고 가스 가마에 그릇을 구우면 쉬운 일을 무엇 때문에 미련하게 발 물레를 돌리고 몇 날 며칠씩 밤새워 가며 가마에 불을 때겠냐 싶었던 모양이다.

난 그런 사람들을 결코 잡지 않는다. 스스로 가치를 깨닫기 전에는 아무리 가르쳐도 소용이 없기 때문이다. 하기야 가르친다는 말 자체도 모순이다. 나는 내가 할 바를 하고 그들은 본 바를 따르면 된다고 믿기 때문이다. 그것이 곧 전통이다.

가끔 나에게 왜 제자가 없느냐고 묻는 사람도 더러 있다. 그때 나는 이렇게 대답하곤 했다.

"제자가 왜 필요합니까? 전통을 따르면 되는 것이지요. 전통이라는 것은 본 바를 실천하는 것입니다."

본 바는 본심본성(本心本性)으로 이끌어가는 진실, 즉 올바른 것을 실천하는 것이다. 선대(先代)에서 본심본성으로 삶을 살아가고, 후대(後代)에서는 그 본 바를 실천하는 것, 그것이 바로 전통이다.

나무가 잘 말랐다며 싱글거리는 강 교무와 함께 가마에 들어서니 마른 장작 냄새가 확 풍겼다.

가마에 불을 지필 때 나무는 참 중요한 역할을 한다. 조금이라도 젖은 나무로 불을 때면 기물(器物)에 많은 영향을 미친다. 나무의 물기가 기물의 모양을 뒤틀리게 할 수도 있고, 한불을 땔 때는 불을 제때 올리지 못할 수도 있다.

가마에 불을 땔 때 중요한 것이 어찌 나무뿐이랴. 모든 게 철저한 준비가 있어야 한다. 태토(胎土), 성형(成形), 잿물[釉藥] 등 모든 것이 기물의 성격에 맞게 잘 준비되어야 하고, 가마의 형태도 그에 맞게 완벽한 준비를 하여야 한다. 그렇게 해도 많은 기물 중에서 원하는 것이 나오기는 쉽지 않은 일이다.

가마를 달구기 위해 밑불을 때는 모습. 밑불은 가마 입구에 장작을 가로로 놓고 8시간에서 16시간 정도 땐다.

그러기에 옛 사람들은 가마에 불을 지피기 전에 고사를 지냈다. 진인사대천명(盡人事待天命)의 심정이었을 것이다. 하지만 난 고사는 지내지 않는다. 모든 것은 사람이 준비를 하기 나름이지, 고사를 지낸다고 달라진다고 생각지는 않기 때문이다.

나무가 잘 마른 것을 확인한 나는 가마 입구에 장작을 가로놓고 불쏘시개에 성냥불을 그었다. 불길이 닿자마자 장작에 불이 올랐다. 검은 연기와 함께 불길이 가마 입구를 담쟁이처럼 타고 오르더니 이내 안정을 찾고 고른 기세가 되었다.

처음 가마를 달구기 위해 지피는 불을 밑불 또는 하불이라고 한다. 가마를 처음 달굴 때는 불길이 너무 세면 안 되기 때문에 불길이 직접 가마로 쏘이지 않도록 장작을 가마 입구에 가로로 놓고 때야 한다. 밑불은 대개 8시간에서 16시간 정도 진행된다. 불길이 가마 입구에서부터 천천히 달구어 들어가기 시작해 첫 번째 가마에 열이 오를 때까지인 것이다.

가마에 불을 땔 때는 이처럼 오랜 기다림이 필요하다. 끈기와 인내가 없으면 할 수 없는 일이다. 이제 난 또다시 그 긴 기다림을 시작하게 된 것이다.

꼭 6년 만이다. 물론 그간 1년에 한두 번 가마에 불을 지피기는 했지만, 정호다완(井戶茶碗)의 재현을 위해서 불을 지피는 것은 6년 만의 일인 것이다.

내가 다시 살아 이렇게 가마에 불을 붙이리라고는 아무도 상상하지 못했다. 나 자신조차도.

불길이 한층 작아진 가마 아구리를 금방이라도 삼킬 듯 거세진다. 6년이라는 세월이 내게 가져다준 변화 중에서 가장 눈에 띄는 것이 바로 가마이다. 이번 가마를 준비하면서 내 몸에 맞게 가마의 크기를 줄였다. 가마는 불을 때는 사람의 체력에 맞게 크기를 조절해야 하는데, 그만큼 내 몸의 기력이 약해졌다는 것이다.

예순아홉의 노구에 죽음의 신과 사투(死鬪)를 벌였으니 기력이 쇠진해진 것은 어쩌면 당연한 일인지도 모른다. 자연의 나이로도 예순아홉이라면 결코 만만한 나이가 아니다. 죽음도 그리 멀지 않은 나이인지라 혹 어떤 사람은 쉽게 포기했을지도 모르겠다.

하지만 난 죽을 각오를 하고 죽음의 질곡에서 벗어났다. 역설적이지만 그랬다. 내가 살아야 할 이유가 아직도 많았기 때문이다.

가마굴이 어느 정도 달구어졌는지 불길이 안으로 빨려 들어가기 시작했다. 밑불은 이렇게 가마굴을 달구는 역할을 한다. 안이 열기로 달아오르면 가마 입구를 타고 오르던 불길이 굴속으로 빨려 들어가며 점점 거세진다. 이때부터 중불을 때야 한다. 가로놓았던 장작들을 불길의 방향에 따라 세로로 넣고 때는 것이다.

중불을 넣고 나자 강 교무가 잠깐 눈을 붙이겠다며 들어갔다. 지난밤을 꼬박 샜기 때문이다. 강 교무와 교대로 잠깐씩이나마 눈을 붙일 수 있어 다행이다. 혼자 불을 땔 때는 꼼짝없이 가마를 지키고 앉아 있어야 한다.

이번 가마는 모두 다완, 즉 차 사발만 굽는다. 3백~4백 개 정도 빚었는데, 그중 30~40개 정도만 제대로 나와 주면 일본의 하야시야 세이조(林屋淸三) 선생도 만나고 전시도 할 예정이다. 지난 30년간 정호다완(井戶茶碗)을 재현하기 위해 몰두하자 내 사발을 평가해 준 하야시야 세이조 선생에 대한 보답도 하고, 우리 사발의 정신을 일본인들에게 보여 주자는 의미에서이다.

불길이 점점 거세지면서 큰불을 올릴 때가 왔다. 큰불은 가마가 맨 마지막 굴까지 벌겋게 달아올라 가마 속 기물들의 잿물이 흘러내려 눈물을 흘릴 때까지 때는 것이다. 그렇게 온도를 올리고 나면 네 군데의 가마에 차례로 창불을 땐다. 각 가마의 윗부분에 양쪽으로 조그만 구멍이 났는데, 그것이 바로 창이다. 창으로 기물의 상태를 확인하고, 장작을 던져 온도를 올리는 것이다. 차례로 창불을 때면 벌겋게 달아오른 가마굴 속은 온통 하나의 빛으로 변한다. 하얀색이다. 불의 온도가 가장 셀 때의 색깔이다. 그때 그릇은 달덩이처럼 크게 보인다.

불을 때기 시작한 지 나흘째, 어느 정도 온도가 올라 창불을 때기 시작하는데 갑자기 불길이 제대로 올라가지 않았다. 가마는 창으로 연기를 토해낼 뿐 불을 끌어당기지 못했다.

"선생님, 아무래도 나무가 덜 마른 것 같은데요."

잠깐 눈을 붙이고 나온 강 교무가 걱정스럽게 말을 건넸다. 지난

22 막사발에 목숨을 쏟아놓고

한불을 올릴 때는 한시도 가마에서 떠날 수 없다. 가마 안의 온도를 1,200도에서 1,300도까지 쭈욱 올려주어야 한다.

번 비에 나무가 젖었는데, 그중 장작더미 아래쪽에 있던 나무들이 덜 마른 것이었다. 이런 일이 생기기 때문에 언제나 준비를 철저히 해야 하는데, 그렇게 못한 것이다. 하는 수 없이 마른 나무를 골라 가며 장불을 던졌다. 둘은 나흘째 밤을 꼬박 샜다.

다음날 오후, 가마를 여는데 여러 사람들이 왔다. 내가 불을 땐다는 소식을 듣고 멀리서 와준 사람들이다.

가마를 헐자 그릇들이 온통 푸른빛이다. 나는 가슴이 철렁 내려앉았다. 다완은 누런 바탕에 오히려 붉은빛에 가까운데 푸른빛이니, 이번에도 실패인가? 30년 동안 정호다완의 재현에 매달렸는데, 아직도 결실을 맺을 때가 아니란 말인가?

탈진할 정도로 기운이 쫙 빠졌다. 혹시나 하는 마음으로 기물들을 하나하나 꺼내 보았지만 정호다완의 빛깔이 제대로 나온 것은 하나도 없었다. 이번도 역시 실패였다.

허탈한 심정으로 방으로 돌아와 누우니 지난 일들이 한꺼번에 떠올랐다 사라지곤 한다.

제1부
옹기장이의 딸로 태어나

옹기 굽는 최제우의 후손

 나지막한 언덕배기에 자리잡은 옹기 가마터가 손에 잡힐듯 아른거린다.
 내 고향은 옹기로 유명한 경상북도 영일군 기계면 미너리(미현동)이다. 비학산 골짜기 마을 미너리는 물 맑고 공기 좋은 안온한 마을이다.
 나는 그곳에서 3대째 옹기를 굽는 집안의 딸로 태어났다. 동학(천도교)의 1대 교주인 최제우의 형인 최세우의 5대손이다. 우리 집안이 옹기를 굽게 된 연유는 확실히는 모르지만, 아마도 동학 교주인 최제우의 집안이기 때문일 것으로 보인다.
 동학혁명 이후 조정에서는 동학을 믿는 사람들은 8족을 멸하라는 명을 내렸다고 한다. 그때 교주 최제우 집안 사람들은 목숨을 부지하기 위해 깊은 산속으로 들어가 옹기를 구우며 신분을 감추고 살았다. 최제우의 방계손인 우리 집안도 그런 연유에서 기계면 미너리로 숨어들어 옹기를 구우면서 살게 되었는데, 그것이 대대로 가업이 되었던 것으로 짐작된다.

사실 기계면 미너리는 전국적으로 이름난 옹기의 고장이지만, 옹기를 굽기에 그리 적합한 곳은 아니다. 미너리에는 태토(胎土)가 없기 때문이다. 우리 집에서도 옹기를 구우려면 안강에서 소달구지에 흙을 실어 날라야만 했다. 그것만 보아도 우리 선조들이 옹기를 굽기 시작한 것은 조정의 눈을 피해 살기 위한 방편이었을 거라고 확신한다. 만일 정말 옹기장이집안이었다면 태토가 있는 곳에 터를 잡았을 것이 분명하기 때문이다.

어쨌든 난 옹기장이 딸로 태어났는데, 지금 내가 흙을 만지고 사는 것도 태생적인 운명이랄 수밖에 없다.

아버지 최정택(崔正澤)은 단순히 옹기만을 굽는 옹기장이가 아니었다. 배운 것은 없었지만 상업적인 두뇌가 꽤 뛰어나 서울을 출입하며 금융조합의 이사로 활동하기도 했다. 그러면서 옹기를 수출하는 일을 했는데, 주로 소주 단지를 구워 납품하였다.

우리 집의 가마터는 규모가 제법 큰 편이었다. 열 명 정도 되는 일꾼이 늘 집안일을 도왔고, 가마에 한번 불을 때면 몇 날 며칠이 걸렸는데, 한불을 올릴 때면 20~30명 정도 되는 일꾼들이 북적댔다. 그 많은 일꾼이 구워낸 옹기는 달구지에 바리바리 실려 전국으로 팔려 나갔는데, 옹기를 실어 나르는 광경은 그야말로 장관이었다.

훤칠한 키에 호남형인 아버지는 말 그대로 한량이었다. 바깥출입이 잦은 탓에 집안의 대소사는 그다지 신경을 쓰지 않아 집안 살림은 언제나 어머니의 몫이었다.

내가 열두 살 때 돌아가셨기 때문에 아버지에 대한 기억은 많이 남아 있지 않지만, 어렴풋하게 무섭고 엄했다는 생각이 든다.

곰곰이 돌이켜보면 아버지는 그렇게 무섭고 엄하지만은 않았다. 당시 우리 집은 꽤 잘 사는 편이어서 과객과 걸인들의 발길이 끊이지 않았는데, 아버지는 걸인들이 오면 꼭 방에 들여 밥상을 차려 내주도록 하고는, 갈 때는 양식을 몇 됫박씩 바가지에 담아보내곤 했다.

그런 아버지이지만 나에게는 유난히 무섭고 어려운 존재였다. 아버지뿐만 아니라 집안 식구들이 나에게는 별 관심이 없었다. 나는 집안 식구들의 관심을 끌기 위해 일부러 소리 내어 책을 읽는다거나, 아프다고 이불을 뒤집어쓰고 앓는 소리를 내기도 했다.

나중에야 알게 된 사실이지만 내가 집에서 환영받지 못하는 이유가 따로 있었다. 나로 인해 애지중지하던 아들을 잃었던 것이다. 내 바로 위로 아들을 낳은 어머니는 곧바로 나를 잉태해 젖이 제대로 나오지 않았다고 한다. 그 때문에 금이야 옥이야 하던 아들을 젖에 굶주려 잃게 되었으니, 식구들의 미움의 화살이 나에게 쏠렸던 것은 어쩌면 당연한지도 모르겠다. 그래서 그런지 나는 곧바로 호적에도 오르지 못해 실제보다 두 살이 적게 되어 있다.

이런 연유로 아버지는 나에게 살갑게 대해 주지는 않았지만 난 아버지의 깊은 사랑을 느낄 수 있었다.

하루는 우등상장을 받아 가지고 집에 돌아가는데, 장터 주막에서 술을 드시고 계신 아버지를 보았다.

"얘, 차란아! 이리 오너라."

뜻밖에도 아버지가 나를 부르시길래 쭈뼛거리며 아버지에 다가갔다.

"니 손에 들고 있는 것이 뭐꼬?"

난 수줍은 듯 비쭉이 내밀었다. 아버지는 우등상장을 보시더니 빙그레 웃으셨다. 내심 내가 참 기특하다고 여기셨던 모양인지 국밥 한 그릇을 선뜻 시켜 주셨다. 그렇지만 난 국밥을 먹을 수 없었다. "군것질을 하지 말고, 집 이외의 음식은 절대로 먹지 말라."는 선생님의 말씀이 생각났기 때문이다. 비록 그날 국밥은 먹지 못했지만 아버지의 은근한 사랑이 국밥 국물처럼 따뜻하게 전해졌다.

그날 그 장터 주막에서의 아버지의 표정은 지금까지도 눈에 선하다.

어머니, 나의 어머니

　어머니(모씨)는 내게 있어 눈물이다. 어머니를 떠올릴 때면 눈물부터 고인다. 애틋하고, 안타깝다. 누구나 어머니는 그런 존재일 테지만 나의 어머니는 더욱 그렇다.
　내겐 어머니가 두 분이다. 아버지의 정실부인인 큰어머니와 소실 부인으로 나를 낳아준 작은어머니.
　나는 철이 들 때까지 어느 분이 내 어머니인지 모르고 살았다. 두 분 어머니는 서로 형님, 아우 하면서 너무도 사이좋게 지내셨기 때문이다.
　작은어머니, 즉 나의 친어머니는 아들을 낳기 위해 얻은 소실이었다. 아들을 무척이나 바라던 아버지는 큰어머니가 딸만 셋을 낳자 내 어머니를 들였던 것이다. 어머니는 오자마자 두 아들을 낳았고, 그중 작은 아들은 나를 잉태하면서 젖이 잘 나오지 않아 잃게 되었다. 그리고 내 밑으로 막내 말란을 낳으셨다.
　옛말에 시앗이 자식을 보면 본부인도 질투해 자식을 본다는 말이 있는데, 아들을 낳지 못하던 큰어머니는 어머니가 아들을 낳자 당신도 곧바로 잉태를 하고 아들을 생산했다.

어찌 되었든 두 어머니께서 무척 사이가 좋았다고는 하나, 내 어머니가 흘렸을 눈물은 미루어 짐작이 간다.

어머니는 키가 크고 단아한 미인이었다. 바지런한 데다 야무진 살림 솜씨가 예사롭지 않아 길쌈이며 바느질 솜씨며 음식 솜씨는 동네에서 둘째가라면 서러울 정도였다. 외할머니는 늘 우리에게, "니 에미는 일곱 살 때 속곳 밑을 달 정도로 야무졌데이." 하시며 자랑삼아 말씀하시곤 하였다.

성격은 온화하고 인정도 많으셨다. 그때는 일제 시대라 가끔 살림이 어려워 옹기를 구우러 마을로 들어오는 사람들이 있었는데, 그들에게 꼭 한살림을 내주어 살도록 해주셨다.

그러면서도 실용적인 생활 철학을 가진 분이었다. 우리 집안이 넉넉한 편이라 굳이 장에 가서 독을 팔지 않아도 되었건만, 옹기를 굽고 나면 으레 장에 팔러 나가셨다.

난 학교에 갔다 오다가 장에서 옹기를 파는 어머니를 만나면 그렇게 부끄러울 수가 없었다.

그래서 어머니에게 투덜댔다.

"어머니, 창피하게 왜 직접 옹기를 팔고 그라요?"

"창피하긴 뭐가 창피하노? 옛날 중국의 순임금도 독장사를 했단다. 사람의 직업에 귀천이 어딨노. 무엇을 하든지 열심히만 하면 된다."

어머니의 이 말은 평생 내 삶의 철학이 되었다.

한번은 이런 일도 있었다. 어릴 때 학교 다니는 길에 구멍가게가 하나 있었다. 구멍가게 앞에는 여러 종류의 껌을 늘어놓고 팔았다.

지금이야 껌은 아주 값싸고 흔한 거지만 당시에는 귀한 물건이었다.

난 그 껌이 씹고 싶어 몇 번 가방 속에 훔쳐 넣었다. 가게 주인이 그것을 알고는, "이젠 그만해라."하고 나를 바라다보았다. 난 그 후부터 구멍가게를 지나 학교에 가는 것이 여간 부끄럽지 않았다. 내가 학교에 가길 꺼려하는 것을 안 어머니가 나에게 다그쳐 물으셨다.

어머니는 자초지종을 듣고 나시더니 그 길로 가게로 달려가 머리 숙여 사과를 하고 돌아서며 나에게 말씀하셨다.

"남의 것은 지푸라기 하나라도 건드려서는 안 된데이."

어머니는 어린 내게도 길쌈하는 것이며, 물레잣기, 방아찧기 등 살림을 가르쳐 주셨다.

"여자는 무엇이든지 해보고 시집을 가야 그 집안 살림 두량을 할 수 있으니."

어머니는 늘 이렇게 말씀하시며 나에게 살림을 가르쳐 주셨는데, 난 어머니의 솜씨를 닮아서인지 바느질도 곧잘 했다.

작은댁이라는 어려움 속에서도 철저히 실용주의적인 사고로 사시면서 큰 집안일을 맡아 하신 어머니는 아주 강인한 성품을 가진 분이었다.

하고 싶은 것은 꼭 하고 마는 고집 센 아이

　난 어머니가 한 번 가르쳐 주시는 일을 곧잘 따라 했다. 어떤 일이든 재미를 붙이고, 그것에 매달리는 성격 때문에 한 번만 배우면 아주 쉽게 하곤 했다. 해야 한다고 생각하는 일은 끝까지 매달렸는데, 만일 일이 잘못되면 반드시 그 원인을 찾아내고 잘 마무리될 때까지 열심히 했다.
　일을 배우는 과정에서 일의 원리를 찾으려고 애를 썼다. 길쌈을 짜면서 강약의 리듬을 배웠고, 방아를 찧는 데서 힘을 주고 힘을 빼야 하는 요령을 터득하였다.
　이처럼 나는 어릴 적부터 무슨 일이든 확실하게 일의 원인과 결과를 따져 올바른 길을 찾아가는 버릇이 있다. 이는 지금도 마찬가지인데, 실행을 거듭하면서 그것에 대한 혜안(慧眼)이 생길 때까지 노력을 게을리하지 않는다.
　일곱 살 때의 일이다. 집에 우물이 없어 아주 먼 곳까지 가서 물을 길어 왔는데, 우리 집 물독은 물동이로 서른 동이나 들어갈 정도로 컸다. 워낙 드나드는 사람이 많아 그만큼 물이 많이 필요하였다. 아무튼 물을 긷는 일은 동네 아낙 두셋이 맡아서 했다. 나는 아낙들 틈에 끼어 다녔는데, 아낙들은 신기하게도 물동이를 인 채 두 팔을 휘저으며 걸어가는 것이었다.

"어떻게 물동이를 잡지도 않았는데 떨어뜨리지 않고 갈 수 있는 걸까?"

어린 난 그게 너무도 신기했다. 흉내내고 싶은 마음에 물동이를 이고는 손을 놓아 보았다. 그러자 미처 두 발자국을 떼기도 전에 물독은 여지없이 떨어져 깨지고 말았다.

난 어머니께 야단맞을 일이 두려워 짐짓 소리내어 울어 버렸다. 처음에 어머니는 야단을 치지 않고 손을 놓아서는 안 된다고 타일렀다. 하지만 아낙들은 되는데 나는 왜 안 될까 하여 어머니가 내어 준 새 물동이를 이고 또 몇 걸음 안 가 손을 놓아 보았다. 화가 난 어머니는 이젠 정말 야단을 치실 기세로 달려왔다. 재빠르게 도망을 치면서도 그 수수께끼 같은 의문이 풀리지 않았다. 나는 몰래 옹기를 가져다가 또 해보기로 했다. 옹기장이 딸이 아니었으면 그런 일은 엄두도 못 냈을 것이다. 당시는 옹기값을 옹기의 크기만큼 곡식을 담아서 받았던 것을 보면 적지 않은 대가를 치른 셈이다.

세 번째 물동이를 깨고도 궁금증을 풀지 못한 나는 옹기 가마의 굴 문을 열 때 따라 들어가 몰래 물동이를 하나 얻었다. 그리고는 물을 가득 담아 가지고 또 손을 놓고 걷는 연습을 하다가 또 떨어뜨리고 말았다.

이번에는 정말 참을 수 없었는지 매를 들고 달려나오신 어머니는 매섭게 나를 내리치셨다. 결국 난 물동이 이는 것을 포기하고 말았다.

이런 나를 지켜보고 있던 대장(大匠)이 딱했던지 품삯을 대신해 심지를 뽑아서 차지하게 된 독 중 하나를 주면서 말했다.

"이 단지는 깨도 좋으니 니 마음대로 해 보그라."

그랬더니 대장을 도와 일을 하는 건아꾼도 덩달아 하나를 주었다. 그때는 일꾼들의 품삯을 독으로 대신했으니 그들로서는 큰 선심을 쓴 것이었다. 그것을 받기는 했으나 어린 나이에도 왠지 자존심이 상해 더 이상 하지 않았다. 나중에 나는 물레를 돌리면서 물단지가 떨어지지 않는 것은 공심공력(空心空力)에 의한 것이라는 것을 알았다. 공심공력이 물체를 핵심으로 끌어당긴다는 사실을 깨달은 것이다.

이처럼 나는 어릴 때부터 끈질기게 무언가를 터득하고 알려고 노력을 했다. 도자기를 한 번도 구워 보지 못한 내가 실패를 거듭하면서도, 정호다완 재현에 매달린 것도 어릴 때 이런 성격이 밑바탕이 되었다고 해도 지나친 말이 아닐 것이다. 지금도 나는 모르는 것이 있으면 누구에게든 묻고 탐구하고 실천해 마침내 그것의 이치를 깨달을 때까지 몰두하는 버릇이 있다.

예순일곱의 나이에 운전면허증을 따기 위해 시험을 치렀는데, 스물여덟 번을 떨어지고 난 후에야 겨우 붙을 수 있었다. 사람들은 그런 나를 보고 그 나이에 무슨 운전면허증을 따느라 고생하느냐며 말렸지만 나는 반드시 따고야 만 것이다. 운전 면허증을 따고 보니 내가 가고 싶은 곳은 누구에게도 부탁하지 않고 갈 수 있어 참으로 즐겁고 좋았다.

이 또한 무슨 일이든 한번 하고자 하면 결코 포기하는 일이 없이 꼭 이루고야 마는 성격이 이루어 낸 작은 결실이다.

민족의식을 심어 준 선생님

열한 살이 되던 해 봄날, 어머니가 새 옷을 지어 주시면서 기쁜 얼굴로 말씀하셨다.
"니도 인제는 학교에 가야 안 되겠나?"
그때까지만 해도 집안 허드렛일만 돕고 있던 나는 학교에 간다는 사실이 그렇게 기쁠 수가 없었다. 호적에는 두 살이 어린 아홉 살이라 그리 늦은 편이 아니지만, 실제 나이로 따지면 꽤 여러 해 묵은 셈이었다.
뒤늦게야 학교에 입학한 나는 학교 다니는 일에 재미를 붙였다. 우리 집에서 십 리 남짓 떨어진 기계소학교에 다녔는데, 미너리에서 몇 동네를 거쳐 가야만 갈 수 있는 곳이었지만, 학교는 무슨 일이 있어도 빠지지 않았다.
학교에서 늦어져 집에 돌아가기 힘들 때는 기계에 있는 일가에서 잠을 자고 학교에 갈 정도였다. 집에서는 홀대를 받던 아이가 선생님들에게는 큰 사랑을 받으니 그럴 수밖에 없었다. 나는 공부도 잘할 뿐만 아니라 운동도 잘하고 육상 릴레이 선수로 활약하여 선생님들의 사랑을 듬뿍 받았다.

특히 서 선생님의 나에 대한 사랑은 각별하셨다. 하도 오래 전 일이라 이름은 기억이 나지 않고 그저 서 선생님이라고만 기억나는데, 2학년 때 조선어를 가르쳐 주신 분이다. 당시는 조선어가 일주일에 한 시간밖에 없어 자주 만날 기회가 없었지만, 선생님에 대한 인상은 머릿속 깊이 각인되어 있다.

선생님은 우리들에게 알게 모르게 민족의식을 심어 주신 분이었다. 만일 우리가 조선어 시간에 무의식적으로도 일본어를 썼다가는 여지없이 혼쭐이 났다. 평소에는 자상하기 그지없었지만 그런 부분에서는 결코 용서를 하지 않는 분이었다.

일본인 이노우에 교장이 아는 날에는 당장 학교를 그만두어야 하는 형편인데도 선생님은 조금도 두려워하지 않고 당당하게 우리말을 쓰게 하고 우리말로 이야기를 해주셨다.

하루는 선생님이 우리더러 동요를 지어 보라고 하셨다.

나는 한참을 생각하다가 어머니께서 늘 불러 주시던 노래가 문득 떠올랐다.

새야 새야 파랑새야
녹두밭에 앉지 마라
녹두꽃이 떨어지면
청포장수 울고 간다

나도 모르게 저절로 생각난 그 노래를 써서 선생님께 드렸다. 선생님께서 그것을 보시고는 웃음을 머금은 채, "너 청포가 뭔지 아니?"하고 물으셨다.

평소에 어머니가 즐겨 불러 주어 문득 떠오른 노래였지만, 그 내력에 대해서는 잘 모르고 있었고, 청포가 무엇인지도 몰랐던 나는 얼른 대답을 하지 못하고 머뭇거렸다. 선생님은 그래도 대견스럽다는 듯 머리를 쓰다듬어 주시면서 청포는 녹두로 만든 묵을 말하는데, 청포장수는 동학혁명의 지도자 전봉준을 은유하는 말이라고 설명을 해주셨다.

민족의식이 강한 선생님은 나라를 빼앗긴 탓에 남의 나라 말과 글을 배워야 하는 처지인 어린 학생의 무의식 속에 자리잡고 있는 우리의 노래가 무척이나 반갑고 눈물겨웠던지, 그 이후부터 나에게 각별한 애정을 보이셨다.

선생님은 어느 날 태극기에 대한 이야기를 해주시고 그리는 법까지 가르쳐 주시면서 말했다.

"넌 할 수 있을 거야. 넌 애국지사가 될 수 있을 것이다."

그러면서 선생님은 내 등을 툭툭 쳐주셨다.

그날 이후, 나는 정말 내가 무엇인가를 할 수 있을 거라는 생각을 하게 되었다. 그때 선생님이 말씀해 주신 태극기와 애국가, 우리나라라는 단어들이 머릿속 깊이 새겨져 지금껏 한 번도 잊어 본 적이 없다.

"넌 할 수 있을 거야." 하는 선생님의 말씀이 지금도 선명하게 떠오른다. 이 말은 내가 힘들 때나 어려울 때 늘 용기를 불어넣어 준 말이었다.

꿈이런가, 사랑이여

 그것은 꿈이었던가? 가시우찌 선생을 만난 일을 생각하면 꿈속의 일인지 생시의 일인지 아득하기만 하다.
 가시우찌 도시하루(樫內敏治). 그는 나의 스승이면서 첫사랑의 연인이었다.
 3학년에 올라가 처음 맞는 운동 시간이었다. 기다리던 선생님은 나타나지 않고 얼굴이 하얗고 단정해 보이는 웬 젊은 청년이 교실 문을 열고 들어왔다.
 아이들이 웅성웅성 대기 시작했다. 청년은 잠시 동안 아무 말 없이 우리를 둘러보더니 입을 열었다.
 "난 너희들에게 운동을 가르칠 가시우찌 도시하루다."
 그의 목소리는 맑고 청아했다. 나는 깜짝 놀랐다. 저렇게 젊은 청년이 선생이라니! 그러나 놀라움도 잠시, 가슴이 콩닥콩닥 뛰기 시작했다. 알 수 없는 설렘이었다.
 그도 그럴 것이 난 3학년이지만 이미 열세 살로 사춘기에 접어든

소녀였고, 가시우찌 선생은 겨우 열여덟 살밖에 되지 않은 아주 앳된 청년이었다.

그러던 어느 날 가시우찌 선생이 학교를 마치고 돌아가는 나를 불러 세웠다.

"최차란! 너희 집에서 옹기를 굽는다면서?"

"네."

"그럼 나와 함께 가자."

나는 어리둥절했지만 마음은 날아갈 것 같이 기뻤다. 알고 보니 가시우찌 선생의 형은 도자기를 구웠는데, 선생도 도자기에 무척 관심이 많았다. 그래서 그는 우리 집에 가마가 있는 것을 알고 나를 불렀던 것이다.

그는 대구박람회에 출품할 인물상을 도기로 굽기 위해 우리 집에 일요일마다 오게 되었다.

그날 이후 선생과 난 매우 친밀한 사이가 되었다. 선생은 홋카이도의 '삿포로 비루'라는 맥주 회사의 대구 지점장 부인이 재혼하면서 데리고 온 아들이었다. 선생은 다방면에서 재주가 많았는데, 그 시대에 사진을 찍고 사냥을 하는 등 취미생활을 즐겼을 정도이다. 또한 우리말도 잘하고 우리글도 잘 알 뿐만 아니라, 우리의 된장과 고추장을 아주 잘 먹었다.

나는 그런 면이 참으로 마음에 들어 선생을 무척 좋아하고 따랐다.

선생이 대구박람회에 작품을 출품한다고 하자 나도 작품을 출품할 욕심이 생겼다. 재떨이를 빚기로 하고 선생 옆에 앉아 열심히 흙을 조물락거렸다. 우리는 대구박람회에 나란히 작품을 출품하여 선생을 특선을, 나는 입선을 하였다.

그때 도자기라는 것에 대해 처음 알게 되었다. 옹기를 굽는 집안의 딸이어도 도자기가 뭔지 옹기가 뭔지 구분을 못하던 나였다.

선생은 일본에서 안료를 직접 가지고 와 도자기를 굽곤 했는데, 선생이 가지고 온 안료는 우리가 쓰던 잿물과는 사뭇 달랐다. 그때 벌써 일본에서는 화학약품으로 유약을 만들어 사용하고 있었던 것이다.

난 선생을 통해 도자기에 대해 조금씩 눈을 떴고, 나중에 내가 도자기를 굽기로 결심하게 된 것도 이때의 경험이 바탕이 되었다.

이렇게 하루하루 지내면서 선생은 나에게 연정을 품은 듯했다. 사실 난 선생을 좋아하고 따르기는 했지만 사랑이라는 감정을 느끼기에는 아직 어린 나이였다.

그래서 선생이 가끔 내게 주는 선물도 그 의미를 미처 깨닫지 못한 채, 그저 선생님이 선물을 준다는 사실만으로 기뻐서 어쩔 줄 몰라 했다.

그런 내가 선생을 단순히 좋아하는 것이 아닌 그 이상의 감정을 느낀 사건이 있었다.

한번은 선생이 대구에 있는 집에 다녀오면서 선물을 사가지고 왔는데, 나와 단짝 친구인 손분득의 선물도 함께 사왔다. 선생의 선물은 재봉 상자였는데, 손분득의 것은 크고 화려한 게 멋져 보였다. 그러나 내 것은 암탉과 수탉, 병아리가 꽃밭에서 노닐고 있는 그림이 그려진 작은 상자였다. 내가 보기에는 손분득에게 준 선물이 내 것보다 훨씬 크고 좋아 보였다. 내 마음은 질투로 부글부글 끓었다.

그 다음부터 토라져서 심부름을 시켜도 그냥 대충대충 해줄 뿐 눈길조차 보내지 않았다. 선생은 일요일이 되자 우리 집에 어김없이 도자기를 구우러 왔다. 선생은 나에게 무엇 때문에 토라졌느냐고 물었다. 나는 분명한 말투로 대답했다.

"분득이 선물은 크고 좋은데, 내 것은 작고 보잘것없잖아요."

"사실은 네 것이 훨씬 더 좋은 것이란다."

선생의 말이 잘 이해되지 않았지만, 그 한마디로 토라졌던 마음은 눈 녹듯 사라져 버렸다.

그 일이 있은 후부터 선생과 나는 더욱 가까운 사이가 되었고, 점차 마음속 깊이 정이 쌓여만 갔다.

그러던 어느 날, 선생과 나는 고사리와 도라지를 캐러 우리 집에서 가까운 비학산에 가기로 하였다. 사냥과 사진을 취미로 즐기는 선생은 종종 몰래 내 사진을 찍곤 하였는데, 그날도 머루, 다래 덩굴이 얼그러진 계곡을 지나 작은 폭포가 바위를 타고 흐르는 곳에서 내 사진을 찍어 주기도 하였다. 그러면서 느닷없이 하는 말이 나 때문에 꿩을 잡을 수 없다는 것이었다. 나 때문이라는 말에 앵돌아져서 말했다.

"그럼 혼자 가서 꿩을 잡으면 될 게 아닌교."

그러고는 팩 토라져 계곡에 앉아 혼자 가재를 잡고 있자니, 슬그머니 사라졌던 선생이 어디선가 꿩 한 마리를 잡아 가지고 나타나 내 머리 위에서 흔들어 보이며 말했다.

"이거 너 줄 테니 이제 화 좀 풀어."

꿩을 잡아 가지고 집으로 돌아온 우리는 꿩요리로 저녁을 먹었다. 저녁을 먹고 나자 어느새 달이 휘영청 떠올랐다. 선생이 바깥으로 나가며 나더러 따라 나오라는 눈짓을 보냈다. 나는 얼른 숟가락을 놓고 따라나갔다.

우리 집 주변은 온통 솔밭이었는데, 소나무 밑에는 보리타작을 하고 난 노적가리가 있었다. 선생은 나를 보고 숨바꼭질을 하자고 했다. 가위바위보를 해 선생은 술래가 되고 나는 보리 짚단 사이에 몸을 숨겼다. 그랬더니 선생은 용케도 나를 찾아내 뒤에서 와락 부둥켜 안으려고 했다.

그때 큰오빠가 화난 목소리로 내 이름을 부르며 나를 찾았다. 우리를 본 큰 오빠는 불같이 화를 냈다. 그 길로 가시우찌 선생은 더 이상 우리 집에는 올 수 없게 되었다.

내가 열다섯 살, 5학년이 되던 해에 선생은 영천의 대창소학교로 전근을 가게 되었다. 전근을 간 선생은 하루가 멀다 하고 나에게 편지를 보냈다. 선생은 언제나 편지의 마지막에 장닭 그림을 그리고 그 옆에 '부터'라고 써서 보내 주곤 했다. 말하자면 '장닭으로부터'라는 뜻이었다.

당시 읍내의 우체국장 부인은 선생의 어머니와 친구로 지내던 분이었다. 선생은 전근 가기 전 그 집에서 하숙을 했었다. 그 부인에게 선생이 내 이야기를 한 모양인지 편지는 주로 그분이 내게 전해 주었다.

선생은 직접적으로 사랑한다는 표현은 하지 않았지만, 그분의 사랑을 충분히 느낄 수 있었다. 그때만 해도 도스토예프스키 등 문학 작품을 많이 읽었는데, 그 책의 구절들을 인용해 내 마음을 표현하곤 했다. 선생은 편지만 보내는 것이 아니라 수본(繡本) 등 주로 여학생들에게 필요한 물건들을 많이 보내 주었다.

그렇게 선생과 순수한 사랑을 나누던 어느 날, 우체국장 부인이 나를 찾았다. 가시우찌 선생이 며칠 후 나를 보러 온다는 소식을 전해 준 것이다. 기쁜 마음을 감출 수가 없었다. 꼭 1년 만에 만나는 일이라 더욱 그랬다. 얼마나 열렬히 사모하던 선생이던가.

마침내 선생을 만나기로 한 날, 우체국장 부인이 상을 차려놓은 방에서 한참을 기다리자니 문이 열리는 소리가 들렸다. 내 얼굴은 불덩이가 된 것같이 뜨거워졌다. 선생은 예의 그 말쑥한 웃음을 띤 반가운 얼굴로 내 앞에 나타났다.

"선생님!"

"오랜만이지?"

선생이 말을 건넸지만 나는 부끄러운 마음에 대답을 할 수 없었다. 선생은 그간의 일들을 이것저것 묻고 나더니 다락문을 열고 상자를 하나 꺼냈다. 거기에는 여러 가지 상장이며, 내가 준 선물 등이 들어 있었다. 그리고 언제 찍었는지도 모르는 내 사진을 모은 다섯 권의 앨범도 있었다.

너무 감격스러워 정말 눈물이 핑 돌 정도였다. 난 선생이 보내준 수본을 따서 정성껏 수를 놓은 손수건을 내밀었다.

선생은 손수건을 받고는 나지막이 말을 꺼냈다.

"나 출정 나간다."

내 가슴은 억장이 무너지는 것 같았지만, 선생은 오히려 아주 담담한 얼굴이었다.

"너 공부 열심히 해서 꼭 여학교에 가거라. 내가 올 때까지 시집은 가지 않겠지?"

나는 아무 말도 못한 채 있다가 시집가지 않겠다고 했다. 시집이라는 말에 수줍어 그냥 그렇게 말을 한 것이었다. 나중에 나이 들어 곰곰이 생각해 보니 선생은 나에게 은근히 자신을 기다려 달라는 뜻으로 말한 것이었지만, 어리고 순진한 나는 그저 '시집'이라는 말이 부끄러워 그렇게 대답을 했을 뿐이다.

나중에 내가 디자이너가 되기 위해 양재 학원을 다닐 무렵, 난 선생으로부터 사이판으로 간다는 전보를 한 장 받았다. 전보를 받고 일주일 후, 신문에서 '사이판, 폭격으로 전소' 되었다는 기사를 읽었다. 그때 칼날이 스치는 듯한 전율이 느껴졌다. 그것으로 마지막인 것이었다.

그러나 나의 사랑은 아직도 끝나지 않았다. 선생의 말 한마디 한마디를 살아가는 세월 속에서 이해하게 된 것이다. 당시에는 이해할 수 없었던 재봉 상자에 그려진 그림의 의미와, 시집 안 갈 거냐는 물음의 의미 등 여러 가지 이야기들을 서른이 지나고 나서야 이해하게 되었다.

그 후 가시우찌 선생은 내가 어려움에 처할 때면 꼭 꿈에 나타났다. 정말 꿈길 밖에 길이 없지만 난 여전히 그를 가슴 속에서 떠나보내지 않았다.

여학교에 가기 위해 가출하다

 어느덧 소학교를 졸업하게 된 나는 고민에 빠졌다. 가시우찌 선생과의 아쉬운 이별을 하고 돌아오면서 반드시 선생과의 약속을 지키리라 마음먹었던 나는, 여학교에 진학을 하려고 했다. 하지만 집에서 허락을 해주지 않았다.
 아버지께서 열두 살에 돌아가시고 난 후 어머니와 큰오빠가 겨우 살림을 꾸리고 있어 나를 여학교에 보낼 형편이 되지 않았다. 오빠는 당시 농고를 나올 만큼 엘리트였으나 집안일 때문에 하는 수 없이 취업을 포기하고 고향에 돌아와 있었던 터였다. 그래서 그런지 오빠는 옹기 굽는 일을 별로 달가워하지 않았다.
 하여튼 나는 잠도 안 자고 끙끙거리면서 어떻게든 여학교에 갈 궁리만 했다. 그러던 어느 날 만주에 사는 이종사촌 오빠가 우리 집에 다니러 왔다. 난 오빠에게 여학교에 가고 싶다는 이야기를 했더니 오빠는 학교에 보내줄 테니 자기를 따라가자고 했다. 난 아무 망설임 없이 무작정 오빠를 따라다녔다. 그런데 오빠는 만주로 곧장 가는 게 아니라 이상하게도 나를 데리고 며칠간 사람들을 만나면서 여기저기 다닐 뿐이었다. 난 문득 오빠가 독립 자금을 마련하러 온 독립 투사가 아닐까 하는 생각이 들었다. 어쩌면 일본 경찰의 눈을 피하기 위해 나를 일부러 데리고 다니는 것인지 모른다고 생각한 것이다. 하지만 난 묻지는 않았다.

내가 없어진 것을 안 집에서는 발칵 뒤집혔다. 다 큰 계집애가 가출을 했으니 오죽 당황스러웠을까. 대구역에서 기차를 타려던 오빠와 나는 우리를 찾으러 나선 순사들에게 붙들리고 말았다. 순사들에게 나를 건네받은 큰오빠는 내가 왜 가출했는지 물어보지도 않고 나를 마구 두들겨 팼다.

그날부터 난 내 방에 들어가 오로지 학교에 보내 달라고 어머니를 졸라 대기 시작했다. 어머니는 그런 내가 딱해 보였던지 결국은 방법을 알아보겠노라고 나를 달래셨다. 어머니는 나를 여학교에 보내기 위해 백방으로 알아보셨다.

그리고 마침내 읍내에 다녀오신 어머니께서 나를 부르셨다.

"차란아, 참 잘 되었데이. 지금 우체국장 집에 갔다 오는 길인데, 니 여학교 갈 수 있게 되었데이. 그 집 부인이 알아봤는데, 영일 군수 집에서 집안일 좀 도와주면 니 학교에 보내준다고 했다 안 하나."

정말 뛸듯이 기뻤다. 가시우찌 선생과의 약속을 지킬 수 있게 된 것이다. 나는 그 길로 작은 옷보따리 하나 달랑 들고 영일 군수 집으로 들어가 집안일을 도우며 열심히 공부했다.

군수 집에는 내 또래의 여자아이가 한 명 있었다. 우리는 함께 여학교 입학 시험 공부를 했다. 다행히 군수 집안 사람들은 나를 잘 봤는지 나에게 무척 잘 대해 주었다.

마침내 나와 군수의 딸은 나란히 입학 시험을 치렀다. 그런데 이게 웬일인가? 나만 시험에 붙고 군수의 딸은 그만 떨어지고 말았다. 그 바람에 나는 여학교에 가려던 꿈을 접을 수밖에 없었다. 그렇게 여학교를 보내고 싶어 하던 군수의 딸은 떨어지고 집안에서 허드렛일이나 돕는 내가 덜컥 붙었으니 군수 내외의 마음이 편할 리 없었다.

나는 괜스레 면목이 없었다. 왠지 나 때문에 그 아이가 떨어진 것만 같아 나는 여학교에 갈 수 없었다.

그 후 나는 군수 부인의 소개로 서울에 있는 '드레스 메이커' 양재 학원에 등록하였다.

당시 최고의 디자이너인 스기노 요시꼬의 제자이며 영일 군수의 누나인 나가노마 다요꼬(張沼協子)가 운영하고 있었는데, 그의 제자가 된 것이다. 그곳은 재봉 1년, 디자인 과정 1년의 교육 과정으로 짜여 있었다. 난 양재가 무척 재미있었다. 실오라기 하나의 오차도 허용하지 않는 아주 섬세한 그 일이 내 적성에 딱 맞았다.

그러던 중 나는 정신대에 끌려가게 되었다. 전쟁에 혈안이 되어 있었던 일제는 이 땅의 모든 젊은이들을 전장으로 내몰았다. 일본의 청년들도 제국주의 앞잡이들의 희생양이 되기는 마찬가지였다. 가시우찌 선생도 그렇게 원치 않는 전장으로 내몰린 것이었다. 젊은 여성들은 모두 의무적으로 정신대에 끌려갔는데, 정신대는 종군위안부로 가는 경우와 공장에서 노력 봉사를 해야 하는 경우가 있었다.

나는 양재 기술이 있어 부산에 있는 공장으로 가게 되었다. 가시우찌 선생의 전보를 받고 사이판이 전소되었다는 소식을 접한 것은 이때였다.

정신대 의무 기간을 마치고 다시 서울로 올라와 4년 만에 양재학원을 졸업했다. 내 나이 어느새 열아홉, 과년한 처녀가 되어 있었다.

결혼, 그리고 예기치 못한 불행

 양재 학원을 우수한 성적으로 졸업한 나는 운 좋게도 쉽사리 취직을 할 수 있었다. 지금의 서울 미도파 백화점 자리에 있었던 정자옥 2층 복지부에 일자리를 얻게 된 것이다. 월급도 많고 대우도 좋은 편이었다.
 취직을 하고 고향집에 인사차 들른 나에게 생각지도 않은 일이 기다리고 있었다. 집에 가자마자 큰언니의 손에 이끌려 선을 보게 된 것이다. 언니는 과년한 처녀가 직장은 무슨 직장이냐며 나의 의지와는 상관없이 무작정 선을 보라고 다그쳤다. 그 바람에 얼떨결에 선을 보게 되었다.
 아직 가시우찌 선생의 그림자를 가슴속에서 지우지 못한 채 선을 본다는 게 무척 고통스러웠지만, 언니의 강압에는 이길 재간이 없었다.
 결국 선을 본 지 여드레 만에 결혼을 하게 되었다. 1944년의 일이다.

신랑 이종국(李宗國)은 고향 영일의 청하면 사람인데, 일본에서 공업학교를 졸업한 엘리트로 당시로는 촉망받는 조선 설계사였다. 남편은 나를 무척 좋아했다. 나도 그가 싫지는 않았지만 쉽게 마음이 열리지는 않았다. 그런 마음으로 신혼 생활을 하자니 마음이 편치 않았다. 더욱이 시댁 식구들은 남편과 같지 않았다. 서울에서 양재학원을 다닌 게 시골 어른들은 오히려 못마땅했던 모양인지 시집살이가 여간 매운 게 아니었다. 남편의 사랑도 내게 그다지 위로가 되지 못했다.

힘든 시집 생활은 남편이 직장을 옮기는 덕에 겨우 면할 수 있었다. 남편이 인천에 있는 금속 공업사로 가게 된 것이다. 그 덕에 결혼한 지 2년 만에 살림을 나게 되었다.

인천에 온 후 1946년 첫딸 영자를 낳았고, 영자가 두 살 되던 해 난 또 임신을 했다. 남편은 둘째아이를 갖자 지극 정성을 다하면서 은근히 아들을 바랐지만, 이번에도 역시 딸을 낳았다. 아이 둘을 낳고 나서 나는 부인회 활동 등 사회 활동도 했다.

그럭저럭 결혼 생활도 자리를 잡아가고 나도 행복을 느끼기 시작할 무렵, 불행의 그림자가 서서히 다가오고 있었다.

1950년, 우리 민족에게 씻을 수 없는 상처를 남긴 6·25전쟁은 우리의 가족에게도 큰 상처를 남겼다. 6·25가 나자 우리 민족은 자신이 원하거나 또는 원치 않거나 좌우익의 소용돌이에 휩싸였는데, 우리 가족도 예외는 아니었다. 결국 남편은 그 소용돌이 속에서 목숨을 잃고 말았다. 엄청난 민족적 수난 앞에 개인은 너무도 무력하게 희생을 당해야 했다.

남편을 잃은 슬픔에 젖어 있을 겨를도 없이 난 마침 서울에 와 있던 친정 작은오빠의 도움을 받아 두 딸을 데리고 고향으로 피난을 갔다. 지금 생각해 보면 왜 그 상황에서 굳이 피난을 가려고 그렇게 애를 썼는지, 문득 부질없는 일이었다는 생각도 한다. 그것은 순전히 살고 싶은 욕심 때문이었을 것이다. 무엇보다도 나는 두 아이의 에미였다.

아직 젖먹이인 둘째아이를 둘러업고 걷고 또 걸어 당도한 곳은 소사였다. 나는 곧 쓰러질 것 같았다. 몸도 성치 않았던 터라 몸에 신열이 오를 대로 오르고 기진맥진한 나는 눈조차 제대로 뜰 수 없을 정도였다. 겨우겨우 발걸음을 옮기려는데 작은오빠가 내 옷깃을 잡아끌었다. 마침 병원이 있었던 것이다. 염치고 체면이고 가릴 것 없이 무작정 들어갔다. 그 병원도 피난 준비를 하느라 정신이 없었다.

의사에게 사정을 하니 마지못해 진찰을 해주었다. 폐렴이었다. 전쟁 나기 1년 전, 스물네 살 때 내가 돈을 빌려준 노태식이라는 사람의 딸이 유행성 독감을 앓고 있어 병문안을 갔다 전염이 되어 급성폐렴을 앓은 적이 있었다. 그게 다시 도진 것이었다. 그때 의사는 완치될 때까지 마이신 주사를 꾸준히 맞으라고 했으나 서너 번 주사를 맞자 몸이 거뜬해졌다. 그래서 다 나은 줄 알고 중도에 치료를 그만두었는데, 그 후유증이 온 것이었다.

진료를 마친 의사는 10회 분량의 마이신 주사약과 주사기를 챙겨 주면서 직접 주사하는 방법까지 알려 주었다. 그것을 받아들고 나와 다시 피난길에 올랐다. 의사가 가르쳐 준 대로 직접 주사를 맞으면서 마침내 고향땅을 밟았다.

고향에서 얼마 있자니 인천 상륙 작전에 성공해 서울이 수복되었다는 소식이 들려왔다. 난 아이들을 데리고 다시 인천 시댁으로 돌아왔다. 시댁은 남편이 인천으로 직장을 옮길 때 함께 이사를 한

터였다.

시댁에서 나머지 주사를 다 맞고 간신히 몸을 추스른 나는 다시 몸을 움직여 일을 할 수 있게 되었다. 전쟁 전에 활동했던 부인회 일도 다시 시작했다. 잠시 평온한 나날이었다. 그러나 전쟁 중의 평온을 폭풍 전야처럼 불안하기만 했다.

아니나다를까. 얼마 못 가 중공군이 온다는 소식을 접한 나는 부인회 활동을 한 이력 때문에 또다시 피난길에 오르지 않을 수 없었다. 두 아이는 시댁에 남겨 두고 나는 함께 부인회 활동을 하던 두 사람과 부산으로 피난을 떠났다. 내가 살아야 아이들도 살 수 있다는 생각으로 과감한 결단을 하고 부산으로 향해 갔던 것이다.

거듭되는 질병의 고통

천신만고 끝에 부산에 도착한 우리는 천막을 치고 애달픈 피난살이를 시작했다. 하지만 당장 먹고살 일이 막막했다. 전쟁통이니 양장일은 별 도움이 되지 못했다.

지금의 국제시장인 돗때미 시장으로 직장을 구하러 다녔다. 종일 돌아다녀도 마땅한 일자리가 나서지 않았다. 피난민이 몰려든 부산은 일손이 넘쳐나 내 차례까지 올 일자리가 없었다. 허탈한 심정으로 터덜터덜 걷고 있는데 판잣집 벽에 광고지가 나풀거리는 것이 눈에 들어왔다.

설마 하는 생각으로 광고지를 들춰 보니 운 좋게도 피복 공장의 공원 모집 광고였다. 그 길로 공장을 찾아가 바로 취직을 해 제품 검사를 하는 일을 맡았다.

공장 일을 마치고 나면 곧바로 영어를 배우러 다녔다. 당시 형편으로는 다소 무리한 일이었지만, 앞으로는 영어가 아주 긴요하게 쓰일 것 같은 확신이 있었고, 더욱이 혼자되었으니 실력이 있어야 살 수 있다는 생각에서였다. 낮에는 공장에 다니고 밤에는 영어 강습소를 나가면서 열심히 생활했다.

그러느라 시댁에 맡긴 딸아이들은 잠시 동안 머릿속에서 지워 버렸다. 앞으로 아이들과 살아가기 위해서는 사사로운 정 따위는 잠시 잊어야 했던 것이다.

지금도 그때 일을 생각하면 어디서 그런 용기와 에너지가 솟았는지 그저 놀랄 뿐이다. 그것은 전쟁통에 겪은 비극이 가져다 준 기이한 에너지였다. 아니 어쩌면 남편과의 사별, 삶과 죽음을 넘나드는 공포, 질병의 고통들이 나에게 강한 삶의 에너지를 제공해 주는 것 같았다.

그러나 그것은 욕심이었을까? 얼마 가지 못해 나는 또다시 쓰러지고 말았다. 폐렴이 재발한 것이다. 그처럼 무리를 했으니 어쩌면 당연한 결과였는지도 모르겠다. 이제는 약도 듣지 않았다. 마이신에 벌써 내성이 생겼던 것이다.

나는 하는 수 없이 친정으로 갈 것을 결심했다. 친정 식구들은 나를 보고는 모두들 기겁을 하였다.

"니 우째 이리 될 때까지 기별도 안 했드노?"

어머니는 초죽음이 되어 나타난 나를 보고는 의외로 담담한 모습이었다. 하지만 생사조차 모르는 나를 위해 어머니가 교회를 나가기 시작했다는 이야기를 듣자, 나는 죄인의 심정이 되었다. 딸의 생사를 몰라 거의 매일 밤을 새우다시피 애를 태웠던 어머니는 부쩍 늙어 있었다.

친정에 간 후 식구들의 보살핌에도 불구하고 내 병은 점점 깊어만 갔다. 하루에도 몇 번씩 열이 오르내리고, 그때마다 수시로 죽음의 문턱을 드나들었다.

그러던 어느 날, 그날도 온몸에 열이 오르면서 그만 정신을 잃고 말았다. 정신을 잃고 난 후 꿈을 꾸었다. 꿈속에 목사가 나타나 찬송가를 부르고 있었다. 얼마나 오랜 시간이 흐르는지도 모르고 계속 난 꿈만 꾸고 있었다. 꿈속에서도 꿈을 깨기 위해 안간힘을 썼다. 노랫소리가 점점 커지더니 꿈속이 아닌 현실의 일처럼 느껴졌다.

눈을 뜨니 낯선 얼굴들이 나를 빙 둘러싸고 있었다. 나중에 알고 보니 그들은 8군단에 근무하는 군의관과 목사, 전도사였다. 내가 정신을 잃고 쓰러지자 식구들이 데리고 왔던 모양이었다.

"병이 꽤 도진 것 같군요. 마이신 주사로도 안 되니 새로 나온 약을 한번 드셔 보세요. 나이드라짓드와 파스라는 약인데, 마이신보다는 훨씬 효과가 높습니다."

군의관이 말하는 약값은 엄청났다. 말란의 남편인 제부는 당시 돈 1만 원이라는 큰돈을 주고 파스 세 통을 사주었다.

그 약을 먹자 증상이 조금씩 완화되었다. 우선 열이 나면서 가슴이 아프고 설사를 하는 증상이 눈에 띄게 줄었다. 파스 세 통을 다 먹고 나니 금세 살이 찌고 기운이 돌아왔다.

한 올의 오차도 허용하지 않는 디자이너

　길고 지리했던 전쟁이 끝났다. 하지만 전쟁이 남긴 상처는 너무나 컸다. 세상은 온통 폐허더미였고, 거리에는 아직도 피비린내가 진동했다.
　겨우 병상에서 몸을 일으킨 나는 곧장 일거리를 찾아 나섰다. 원래 폐병은 잘 먹고 잘 쉬어야 하는 병이지만 나는 그럴 형편이 못 되었다. 기운을 차리고 나서 나는 곧장 살아갈 방도를 구해야 했다.
　일자리를 구하려고 백방으로 알아보았지만 쉽지 않았다. 일거리를 구하지 못해 거리에서 구걸하는 사람들도 많았다. 이럴 게 아니라 일제 때 배운 양재 솜씨로 양장점을 운영해 볼까 하는 생각이 들었다.
　전쟁통에 사람들이 모든 가재도구를 잃고 옷가지도 변변치 않을 테니 수요는 충분하리라 생각되었다. 그러자면 아무래도 큰 도시로 가야 할 것 같았다.

이런저런 고민 끝에 나는 포항 근처 몰개월이라는 곳에 '테일러 샵'이라는 양장점을 냈다. 그곳에 미군이 주둔해 있었다. 양장점이래야 조그만 가게 하나에 재봉틀 하나니 큰돈이 들지는 않았고, 재봉틀마저도 친정에서 빌려 왔던 것이다.
　가게를 낸 그날부터 나는 또 밤낮없이 일에 매달렸다. 이처럼 나는 무슨 일이든 한번 잡기만 하면 죽자 사자 매달리는 버릇이 있다. 이것은 지금도 변함이 없는데, 그렇게 해서 그 일의 흐름을 알고 원리를 깨우치고야 마는 것이다. 물론 젊을 때야 원리를 깨우치는 데까지는 미치지 못했지만, 워낙 파고드는 성격이기 때문에 반드시 성공을 했다. 대신 몸이 크게 상하고 말았다.
　몰개월에서 어느 정도 돈을 벌자 우선 급한 대로 방을 하나 얻었다. 시댁에 맡겨 둔 아이들을 데려올 생각이었다. 그간 피난살이와 병치레를 하느라고 아이들을 시댁에 두고 찾아보지도 못했다. 삶과 죽음의 고비 때마다 내가 살아야 아이들이 살 수 있다는 생각으로 버티면서, 어미로서 단장의 슬픔을 억눌러야만 했던 것이다.
　방을 마련하고 어느 정도 세간살이를 갖춘 뒤 아이들이 있는 시댁으로 갔다. 시댁에 당도하자 나를 기다리고 있는 것은 청천벽력 같은 현실이었다. 둘째딸이 영양실조로 죽었던 것이다. 아이의 죽음은 남편의 죽음보다 훨씬 더 충격적이었다. 세상 모든 슬픔 중에 가장 슬픈 것이 자식을 잃은 슬픔이라고 했던가. 난 견딜 수 없는 슬픔에 젖었다. 또한 시댁 식구들에 대한 섭섭함과 분노의 심정이 일었다. 아무리 전쟁통이라지만 어린아이가 영양실조에 걸릴 때까지 방치해 두었다는 게 도무지 용납되지 않았다.
　그 길로 첫째딸 영자의 손을 잡고 포항으로 돌아왔다.
　둘째딸을 잃은 슬픔을 억누르고 일에 몰두했다. 일에 몰두해야지만 슬픔을 잊을 수 있었다.

그리고 얼마 지나지 않아 어느 정도 돈을 번 나는 서울로 가야겠다고 결심했다. 아무래도 양장점을 하기에는 서울이 낫다는 생각에서였다. 이때도 건강이 좋지 않아 며칠 일을 하고 나면 삼사일간은 몸져누워야 했다.

서울로 온 나는 을지로 4가에 '드레스 메이커'라는 양장점을 냈다. 전쟁이 끝난 후 서울 거리는 활기를 되찾고 있었다. 살아남은 사람들은 살아남은 사람끼리 그렇게 기대고 부대끼면서 살아지는 것이다. 물론 사람들마다 내면의 아픔은 다 간직하고 있겠지만, 겉으로 보기에 사람들은 적어도 나름의 아픔을 삭이고 있는 듯싶었다.

서울의 경기도 날로 활기를 띠게 되고 더불어 양장점은 크게 번성해 갔다.

을지로에서 양장점을 낸 지 채 3년이 안 되어 이화여대 앞으로 가게를 옮기게 되었다. 당시 강문봉이라는 부인이 미국에서 입체 재단법을 배워 가지고 와서 신당동 자택에 '심플리시티'라는 양재 학원을 개설했는데, 그때 나도 거기에서 입체 재단법을 배운 후 그곳으로 옮긴 것이었다.

이화여대 앞은 패션의 중심지로 양장점을 하기에는 가장 좋은 입지여서, 양장점을 옮긴 후에는 더욱더 눈코 뜰 새 없이 바빠졌다. 몸을 돌볼 겨를도 없이 일 속에 파묻혔다.

원래 디자인이라는 것이 실오라기 한 올의 오차도 허용하지 않는 섬세한 일이라, 철저함이 없으면 미적 감각을 살려 내기 쉽지 않았다. 어려서부터 어머니에게 바느질을 배운 나는 타고난 솜씨가 있는 데다 피나는 노력 덕분에 디자이너로서 어느 정도 인정을 받았다.

　주변에서 장안의 돈은 우리 가게에서 다 끌어 모은다는 이야기까지 할 정도로 양장점이 잘 되었다.

　내 패션 감각도 만만치 않았는데, 사람들은 종종 당대 최고의 배우인 최은희와 비교하여, '서울의 멋쟁이는 최은희와 최차란'이라고 말하기도 했다.

　이처럼 모든 일들은 말 그대로 순풍에 돛단 듯 술술 풀려 나갔다. 그러나 내 마음 한 구석에는 그것으로 만족할 수 없는 그 무엇이 있었다.

문화재에 대한 눈을 뜨다

어느덧 서른을 바라보는 나이가 되었다. 돈도 벌 만큼 벌었고, 디자이너로서 나름대로 명성도 얻었다. 생활이 어느 정도 안정되자 공부를 해야겠다는 욕망이 차츰 고개를 들기 시작했다. 어릴 때부터 배움에 대한 열망이 강했던 나는 거기에서 만족할 수 없었다.

그즈음 민속학의 대가인 장주근 박사의 민속학 강좌가 개설되었다는 것을 알게 되었다. 평소에 민속학이나 골동품에 대해 관심이 많았던 나는 이번 기회에 민속학에 대한 공부를 본격적으로 하고 싶었다.

망설임 없이 등록을 하고 강의를 들으러 다녔다. 강의를 들으면 들을수록 점점 흥미로워졌다. 늦공부 재미가 쏠쏠하다더니, 내가 그랬다. 강의를 들으면서 문화재를 찾아다니고 골동품을 수집하면서 민속학 공부에 열을 올렸다.

강의를 들으면서 우리의 민속이나 문화 하나하나에는 모두 자연과 인간의 근본 이치가 숨어 있다는 것을 깨달았다. 1년 열두 달

정해 놓은 명일이나 축일도 모두 자연의 근본 이치를 따랐다는 사실은, 어릴 적부터 본 바대로 그것을 따를 뿐이던 나에게는 새롭고 경이로웠다.

일제 때 교육을 받은 나로서는 우리 민족이 명절 하나에도 이토록 자연의 섭리를 추구하고 그 이치에 따라 행한다는 사실이 여간 놀랍지 않았다.

사실 일제 강점기에 학교를 다닌 사람들은 알 것이다. 그들은 소학교 역사책을 편찬할 때 교묘하게 일본의 역사 사이에 우리의 역사를 집어넣어 아이들에게 가르쳤다. 그리하여 우리의 역사는 일본사에 예속된 것으로서, 우리 민족은 무슨 일을 하든지 남에게 기대려는 '타율성', 셋만 모여도 싸움을 하는 '당파성', 발전할 의지가 없는 '정체성'을 가진 아주 열등한 민족이라고 가르쳤다.

일제 강점기 동안 이런 교육을 계속 받다 보니 마치 세뇌된 것처럼 우리는 무의식 중에 패배 의식에 젖어 우리 문화에 대한 자부심을 갖지 못한 부분도 없지 않아 있다고 생각한다. 지금도 가끔 자신도 모르게 열등 의식에 젖어 우리 민족은 원래 그래, 하며 자포자기하는 사람들을 보면 일제 강점기하에 배운 집단 무의식이 전해져 내려온 게 아닌가 하는 생각이 들 때가 있다.

민속학을 배우면서 우리의 문화에 대해 새롭게 눈을 뜨게 되었다. 그래서 길을 걸을 때 길에 나뒹구는 사금파리 하나도 그냥 지나치지 않게 되었다. 그것을 주워 가지고 연대가 언제이고 무슨 용도로 쓰였는지 탐구하고, 마침내는 그 생활상까지 연결해 생각할 수 있게 되었다.

그러다 보니 자연히 골동품에 관심을 갖게 되었다. 1950년대 중반까지만 해도 역사적으로 가치가 있는 문화재도 골동품상에서 그냥 얻어 올 수 있을 정도로 골동품들이 산재해 있었다.

　대개 수집가들은 값이 비싸고 돈이 되는 것들을 수집하는 데 몰두했지만, 나는 오히려 그 반대였다. 내가 관심을 갖는 것은 불로 다루어 만든 기물이었다.

　내가 도자기를 굽는 일에 들어선 것도 곰곰이 따져 보면, 나의 모든 관심사들이 하늘의 인연으로 이것을 향해 한 방향으로 모여진 때문이라는 생각이 든다.

　그도 그럴 것이 어릴 적 옹기장이 집안에서 태어난 나는 자연스레 흙과 불로 이루어진 형물(刑物)에 관심을 보였고, 어머니의 옥비녀와 옥반지를 보며 보석에도 유달리 관심을 가졌었다. 그런데 보석도 그 근본을 가만히 따지고 보면 흙과 불과 공기로 이루어진 결정체가 아닌가. 더욱이 민속학을 배우면서 문화재에 눈을 뜨게 되었는데, 난 오로지 흙과 불을 다루어 만들 기물에 관심을 보였으니, 하늘의 인연이라고 설명할 수밖에 없다.

　나는 돈만 생기면 골동품을 사러 다녔는데, 아주 적은 돈으로도 내가 찾고자 하는 물건은 쉽게 구할 수 있었다. 당시만 해도 문화재를 수집하는 사람이 드물었고, 심지어 어떤 사람들은 골동품은 무덤 속에서 나온 물건이라 귀신이 붙는다고 생각하는 사람도 있었기 때문이다. 이는 나에게는 참으로 다행하다고 하겠으나, 한편으로 생각하면 그처럼 사람들이 문화재에 대한 인식이 없었기 때문에 아직도 우리가 문화 후진국의 면모를 벗어나지 못하는 게 아닌가 하는 안타까운 심정도 들기도 한다.

　골동품을 수집하고 연구하면서 우리 민속과 문화에 대한 안목을 넓혀 갔다. 그러다 보니 자연스레 남들과 다른 식견을 갖게 되었다. 흔히 일반적으로 사람들이 판단하는 것과는 조금 다른 것이라고 할 수 있다. 생활 속에서 나름대로 버릴 것과 버리지 않아야 할 것이 무엇인지 판단이 되기 시작했다.

1967년도에 나는 계룡산에서 도요지를 발굴하였는데, 거기서 많은 도기 그릇 조각들이 나왔다. 남들이 하찮게 생각하고 버려 둔 그것들을 가져다가 보관한 것도 나의 특별한 안목 때문이었다고 자부한다. 훗날 이 조각들은 내가 정호다완을 재현하는 데 좋은 자료가 되었는데, 계룡산 도요지는 조선 시대의 도요지로 그 그릇들의 밑둥이 정호다완의 그릇과 원형을 같이 한다는 사실이었다.

그러나 한창 민속학에 재미를 붙이고 공부를 해나가고 있을 때 나는 또 한 번 죽음의 고비를 맞게 되었다.

한쪽 폐를 들어내는 아픔을 딛고

하루는 양장점에서 정신없이 밀린 일을 하고 있는데, 갑자기 핑하고 어지럼증이 일었다. 사실 양장점도 정신을 못 차릴 정도로 바빠 늘 피곤한 데다 공부까지 하러 다니니 몸 상태가 말이 아니었다. 폐를 잃어 허약해진 몸이라 조금만 무리를 하면 녹초가 되곤 했다.

좀 쉬어야겠다는 생각이 들어 자리에서 일어나다가 그만 픽 쓰러지고 말았다. 무리할 때마다 잔기침이 나더니 폐병이 또 도진 것이다. 이번에는 각혈까지 했다. 폐병의 경우 각혈을 하면 끝이라는 것은 삼척동자도 안다.

양장점을 더 이상 할 수 없었다. 애초 병을 제대로 다스리지 않아 계속 재발하는 것이었다. 더욱이 푹 쉬면서 몸을 추슬러야 하는데, 형편이 형편이다 보니 일을 하지 않을 수 없었다. 그런데 이제는 아주 일을 할 수 없게 된 것이다. 일이 문제가 아니었다. 병원에서는 여섯 달 정도밖에 살지 못한다고 했다. 하도 약을 먹어 약은 이제 더 이상 효과가 없다는 것이었다.

고민을 하고 말고 할 것도 없이 양장점을 정리하고, 부산으로 내려갔다. 영도에서 수양이나 할 참이었다. 지금은 살아서 이렇게 담담하게 이야기하지만, 서른두 살이라는 젊은 나이에 내려진 죽음의 선고는 말할 수 없는 참담함, 그 자체였다.

부산으로 내려간 나는 혹시나 하는 마음에 부산대학병원 흉부외과 전문의 김진선 박사를 찾아갔다. 김 박사는 양쪽 폐 모두 공동(空洞)이 생겼다고 했다. 그때는 암이라는 병명이 없어 공동이라고 한 것이지, 지금으로 말하면 암이었다.

"지금 이 상태로는 6개월을 넘기기 힘듭니다. 그렇다고 수술을 하는 것도 매우 위험합니다. 폐는 오른쪽이 3엽, 왼쪽이 2엽으로 구성되어 있습니다. 수술을 하게 되면 조금 더 상태가 심한 오른쪽 폐를 들어내야 하는데, 자칫하면 목숨을 잃을 수도……."

김 박사의 말을 듣고 나는 망설임 없이 수술을 해달라고 했다. 수술을 하면 당장 목숨을 잃을 수도 있었지만, 그렇다고 수술을 하지 않아도 6개월밖에 못 사는데, 6개월 더 살아서 무엇하나 하는 생각이 들었다.

"그럼 우선 오른쪽 폐를 들어내고, 왼쪽 폐는 약물 치료를 하기로 하지요."

결국 나는 의사에게 목숨을 맡기고 수술대에 올랐다. 너무나 큰 수술이라 내 목숨은 의사의 손에 달려 있었다. 오랜 시간에 걸친 수술이 끝난 후에도 나는 며칠간 깨어나지 못한 채 사경을 헤매었다.

다행히 한쪽 폐를 들어낸 것은 성공적이어서 큰 고비를 넘겼다. 생명을 연장할 수 있게 된 것이다. 그러나 산 넘어 산이라고, 이제는 왼쪽 폐의 공동을 치료하는 일이 남았다. 마이암부톨이라는 약에 실오라기 같은 목숨줄을 의존하며 몇 개월을 버텼다.

그러나 차츰 약도 효과가 없게 되었다. 툭 하면 빈혈로 쓰러지고 나중에는 아예 일어나 앉는 것조차 힘들게 되었다. 조혈이 되지 않아 일주일에 1,000CC 정도 수혈을 해야 했다. 희한하게도 수혈을 하지 않으면 통 먹을 생각을 하지 못하다가 500CC 정도 수혈만 되어도 입맛이 당겨 누워서도 밥 한 그릇을 다 먹을 정도였다.

그렇게 하루하루 목숨을 지탱하던 중, 내가 단골로 다니던 가게 주인인 수야 엄마가 나를 찾아와 태반으로 약을 해 먹으면 빈혈에 좋다고 하면서 그것을 직접 구해다 주었다. 수야 엄마는 태반의 지방질을 뺀 후 꼭 짜서 솔방울만한 크기로 만들어 김치에 싸서 먹을 수 있게 해주었다. 태반을 그렇게 10개 정도 먹고 나서야 빈혈은 겨우 다스릴 수 있었다.

이렇게까지 하면서 살아야 할까? 하루에도 몇 번씩 이런 생각이 들었다. 목숨줄을 탁 놓고 싶은 적이 한두 번이 아니었다. 하지만 살아야 할 이유가 있었다. 내겐 사랑하는 딸 영자가 있었다.

빈혈은 다스렸지만 약효도 점점 떨어지고 몸은 나락으로 떨어지는 듯 가라앉았다. 하루는 병원을 가다 길에서 쓰러진 나를 한 호텔의 사장 차를 모는 운전수가 해운대에 있는 송도병원에 실어다 주었다.

그때 송도병원 의사가 나를 보고는, "처음에 죽은 시체가 실려 오는 줄 알고 놀랐고, 또 한 번은 수혈을 받고 의식을 회복해 빙긋이 웃는데 두 번 놀랐다."고 할 정도였다.

병원을 나서는데 그 운전수가 용한 의원이 있다며 거기에 가보자고 하더니, 그 길로 광안리에 있는 '이약국'이라는 한의원에 데

려다 주었다. 그곳은 무면허로 하는 곳이었는데, 의원이 나를 보고는 이렇게 말했다.

"병원 약을 끊을 수 있소? 끊을 수 있으면 치료를 해주고 그렇지 않으면 치료를 해줄 수 없소."

"끊을 수 있습니더."

그는 단호하게 이야기하는 나를 뒤돌아 앉으라고 하더니 무언인가를 하기 시작했다. 나중에 알고 보니 경혈에 쑥뜸을 뜨는 것이었다. 쑥뜸은 생살이 타기 때문에 보통 사람들은 견딜 수 없이 고통스럽다. 그러나 나는 오히려 시원한 느낌이 들 정도였으니 내 병이 얼마나 깊었는지 짐작이 갈 것이다. 그때부터 나는 줄곧 이약국에 다니면서 쑥뜸을 떴다.

그러기를 7개월, 서서히 내 몸의 세포가 살아나는 느낌이 들기 시작했다. 천근같이 무겁고 맥이 풀리던 몸이 새털처럼 가벼워진 것이었다. 그리고 뜸을 뜨면 그 뜨거운 고통이 서서히 살아나기 시작했다.

하루는 쑥뜸을 뜨다가 내가 아프다고 소리를 지르자 의원은 곧 병원에 가서 진찰을 해보라고 했다. 김진선 박사를 찾아가 내 몸의 상태가 어떤지 알아보기 위해서 진찰을 받았다. 진찰 결과를 기다리고 있는데 김 박사가 환한 얼굴로 다가왔다.

"놀랍습니다. 병이 아주 깨끗이 다 나았군요. 이젠 무얼 해도 되겠습니다."

그러면서 김 박사는 병이 다 나으면 국제 활동을 하겠다던 내 말을 기억해 내고는, 이제는 일본도 가고 미국도 갈 수 있겠다며 나에게 농담을 건넸다.

황토물과 쑥뜸으로 고친 자궁암

"이젠 무얼 해도 되겠습니다."

의사의 말이 귓전을 맴돌았다. 죽음의 문턱에서 다시 살아난 목숨이니 무엇이든 열심히 해야 했다. 그러나 하늘은 아직도 내게 더 줄 시련이 있었는지, 어느 날 나는 청천벽력과 같은 선고를 받게 된다. 겨우 폐병을 다스리고 비로소 건강한 몸으로 새로운 삶을 살 수 있겠다는 기대로 부푼 나에게는 혹독한 시련이었다.

하루는 갑자기 아랫도리에서 냄새가 나기 시작했다. 워낙 병에 시달려 온 나는 더럭 겁이 났다. 그 길로 바로 병원을 찾았다. 의사는 내 상태가 심각하다고 판단했는지, 이런저런 진찰을 하고 나서 한참 뜸을 들이더니 아주 힘들게 입을 열었다.

"아무래도 증상이…… 자궁암인 것 같습니다. 서울에 마침 암 전문 병원인 원자력 병원이 있는데 그쪽에서 다시 검사를 받아 보시는 게……."

맥이 탁 풀렸다. 운명은 가혹하기만 했다. 한쪽 폐를 들어냈는데, 그것도 모자라 이번에는 자궁암이라니!

운명이 가혹하면 할수록 인간은 강해지게 마련이다. 나는 새삼 강한 삶의 의욕을 느꼈다. 그 길로 원자력 병원으로 달려가 조직 검사를 했다. 결과는 역시 자궁암이었다.

서른다섯 살에 나는 또 수술대에 올랐다. 자궁암 수술을 받은 뒤 26회에 걸쳐 방사선 치료를 받았다. 방사선 치료를 받던 중 내 옆에서 쓰러지는 사람도 보았다. 자궁암이 재발하여 오는 사람, 하혈을 하는 사람, 송장 썩는 냄새가 나는 사람 등 별의별 사람들을 다 보았다. 삶과 죽음은 동전의 양면처럼 늘 붙어다닌다더니, 그 실체를 확인하는 순간이었다.

방사선 치료는 엄청난 고통을 수반했다. 암 부위를 제거하고 방사선 치료를 받았지만 몸속의 암세포가 완전히 사라진 것은 아니었던 모양이다. 오늘 잠들면서 내일 아침을 맞을 수 있을지 장담할 수 없는 상황이었다. 혼자 혈을 찾아 뜸쑥을 올려놓고 뜸을 떠갔다. 사는 것이 아니라 연명이었다.

그러나 나는 우연히 황토의 신비한 힘을 발견하게 되었다. 어느 날 음식 찌꺼기와 오물을 버린 구덩이에서 악취가 심하게 나길래 황토를 떠서 그것을 묻었다. 그랬더니 악취도 나지 않고 얼마 지나지 않아 구덩이에 맑은 물이 고인 것을 보았다.

그것을 무심코 넘기지 않았다. 오물 덩어리가 황토에 의해서 정화가 된다는 사실을 깨닫게 된 것이다. 그렇다면 질병에 걸린 몸도 정화를 할 수 있지 않을까? 나는 그것의 원리를 추구해 보기로 하고 우선 황토물을 우려내 마셔 보았다. 물은 흙에서 우려낸 물 같지 않고 아주 맑고 깨끗하고 맛 또한 달았다. 거듭 세 번 물을 우려내고 가라앉은 황토를 살펴보았다.

놀랍게도 물을 우려낸 황토는 금방 썩었다. 그러나 몰을 우려내 마시지 않은 황토는 1백 일이 지나도 그대로 있었다. 이때 난 황토의 진기(眞氣)가 상승배회(上昇配回)의 원리에 의해 위로 떠 물에 우러난 것으로 판단되었다. 나는 그 후 꾸준히 황토물을 우려내 마시기 시작했다.

그리고 얼마 후 나도 모르는 사이 서서히 건강을 되찾았다.

민예사 설립

　서울에서 양장점을 해서 번 돈을 모두 수술비와 약값으로 써 버리고, 남은 돈은 1백20만 원이 전부였다.
　'무엇을 할까?'
　다시 양장점을 할 수는 없었다. 그렇다고 달리 할 수 있는 게 없었다. 하루는 돈을 빌려 준 사람에게 찾아가 돈을 갚으라고 하자 그는 한참을 가만히 있더니 말했다.
　"지금 돈이 없는데, 대신 취직을 하실랍니까?"
　"어딘데요?"
　"공항 면세점에서 점원을 모집하던데."
　그 길로 원서를 내러 갔다. 시험은 간단히 합격할 수 있었다. 어릴 때 배웠던 일어가 도움이 되었다. 큰 기대를 갖고 출근을 했지만 고용된 장사꾼이 된다는 것은 여간 어려운 일이 아니었다. 나는 디자인을 하던 사람이라 장사에는 소질이 없었다. 결국 한 달 만에 사표를 내겠다고 하자 면세점 지점장은 아쉬운 듯 대구 공항에 파견시킬 테니 그곳에 가서 근무를 하라고 했다.

　나도 회사를 그만둘 처지는 아니라 지점장의 말대로 대구 공항으로 갔는데, 그때 마침 해운대 극동호텔에 매점을 연다는 공고를 보게 되었다.

　순간 그곳에다 민속 공예품 파는 가게를 내면 좋겠다는 생각이 들었다. 부산은 외국인들의 발길이 잦은 도시이고, 게다가 호텔이라면 우리 민속 공예품을 외국인들에게 알릴 수 있는 장소로 아주 적격이라는 생각이 들었다.

　나는 수중에 있는 돈을 가지고 극동호텔 사장을 찾아갔다. 그나마 남은 1백20만 원 중에서 30만 원은 남을 빌려 주었다가 떼이고 만 터라, 가진 돈은 90만 원이 전부였다. 그날로 70만 원을 주고 점포 계약을 하고, 나머지 20만 원으로는 가게 시설을 하여 민속 공예품을 취급하는 민예사를 개업하게 되었다. 그때가 1968년, 부산에서 민속 공예품 가게로서는 최초였다.

　가게를 개업하긴 했지만 물건 살 돈이 없어 쩔쩔맸다. 천만다행으로 때마침 백화점을 경영하고 있던 전창화 여사가 자금을 선뜻 빌려 주었다. 지금도 그분의 고마움은 잊지 못한다.

　하지만 자금이 달리는 것은 여전했다. 그때 공항 면세점의 지점장 박명필 씨가 자신이 물건을 대주고 관리할 테니 가게를 공동 운영하면 어떻겠느냐는 제의를 해왔다. 흔쾌히 응낙했다. 자본이 없었던 나로서는 그런 조건이라면 괜찮다는 생각이었다. 가게에 물건이 많아지자 장사는 순풍에 돛단 듯 쏠쏠 되기 시작했다. 조금도 속임수를 쓰지 않고 정직하고 성실하게 장사를 하니 손님들이 그 진실을 알았는지 우리 가게로 몰려들었다. 박명필 씨는 내게 한 달에 돈 5만 원씩을 주었다. 물론 혼자 장사를 하면 그것보다 몇 배를 벌 수 있었지만, 자금 부족에 허덕이던 나는 그 정도로도 만족하였다. 하지만 우리 가게가 장사가 잘 되는 것을 시기한 극동호텔 내의 다른 가게 주인들이 박명필 씨와 나를 이간질하기 시작했다.

"그렇게 장사가 잘 되는데 한 달에 5만 원만 받는다는 게 말이 되느냐."

"당신은 박명필한테 이용만 당하는 거다."

이런 식으로 내게 쏙닥거렸지만 끄덕도 하지 않았다. 돈 5만 원이 결코 적은 돈이 아닐뿐더러 당초 물건을 대지 못해 쩔쩔맬 때 박명필 씨의 도움을 받았기 때문에, 그들이 아무리 내 귀에 대고 속살거려도 내 마음은 움직이지 않았다.

하지만 끊임없는 이간질에는 배겨 낼 도리가 없었다. 결국 박명필 씨와 나는 함께 장사를 할 수 없게 되었다. 그 이후 보석 공장을 하는 주 씨라는 사람이 자신이 물건을 대줄 테니 이익금을 반으로 나누자고 해 응낙을 했는데, 그는 나에게 물건을 대주면서 도매 이익을 챙기고, 내가 물건을 판 이익금 중 또 반을 가져가 이중삼중으로 자기의 주머니를 챙기는 것이었다. 여자 혼자의 몸으로 장사를 하는 데다 내가 순진하니까 만만하게 보았던 모양이다.

그때부터 나는 그의 물건은 팔지 않고 내가 따로 들여놓은 물건을 주로 팔면서 자금을 모았다. 그랬더니 이번에는 왜 자기의 물건은 팔지 않느냐고 따지고 들었다.

"이것 보시오, 주 사장. 당신이 그런 식으로 나를 속이는데, 난들 머리가 없습니까?"

그렇게 해서 난 주 씨와의 관계를 정리하고 혼자서 가게를 운영하기 시작했다. 마침 옆에 김 씨라는 사람이 민속 인형을 대주었는데, 그것을 팔아 이익금이 남으면 적당히 떼고 주어도 모를 일이지만, 고스란히 그에게 다 주었다. 하늘이 무서워 그런 일은 결코 하지 않았던 것이다. 이렇게 내가 정직하게 하자 사람들은 서로 물건을 대주겠다고 했다. 그러자 불과 몇 개월 만에 가게에 물건을 가득 채울 수 있었다.

될 수 있으면 아주 좋은 물건만을 가져다 놓고 팔았다. 자랑 같지만 내 안목은 탁월했다. 오랫동안 민속학과 골동품에 대한 공부를 한 덕으로 어떤 것이 예술적 가치가 있는지 판단이 되었기 때문에, 민속 인형 하나를 가져다 놓더라도 외국인이 보기에 탐낼 정도의 물건을 들여놓으니, 극동호텔 안의 다른 가게들과는 확연히 구별되었다.

손님들은 우리 가게로만 몰려들었다. 그러자 호텔 안에서 기념품을 취급하고 있던 최규용이라는 사람은 자기도 아예 민예사로 바꾸어 버릴 정도였다.

이처럼 나날이 장사가 잘되자 점차 시기하는 사람들이 생기기 시작했다. 예나 지금이나 나는 무슨 일을 하든지 원칙을 지키고 정직하게 하는 사람이라 남을 별로 의식하지 않는다. 남들이 시기를 하여 이런저런 이야기들이 들려왔지만 개의치 않았다. 그러나 문제는 엉뚱한 데서 생겨 버렸다.

당시 가게에 점원을 두고 있었는데, 그 여자의 행실이 좀 바르지 못했다. 호텔에 근무를 하는 사람들은 규칙상 호텔을 출입하는 손님들과 차도 한 잔 같이 못 마시게 되어 있었는데, 그 여자는 그것을 전혀 의식하지 않고 함부로 행동하였다. 몇 번이나 주의를 주었지만 허사였다.

그런데 소문은 그 당사자가 그 여자가 아닌 나로 둔갑해 있었다. 그렇게 모함을 받고 보니 정말 어이가 없었다.

그 더러운 중상모략을 참을 수 없었다. 억울했다. 하지만 미련을 가질 일이 아니었다. 결국 울며 겨자 먹기로 극동호텔 내의 민예사를 정리할 수밖에 없었다. 다행히도 그간 관광호텔 내에 민예사를 하나 더 운영하고 있었는데, 그곳으로 옮겨 장사를 하게 되었다. 하지만 그곳에서도 시기와 모함은 끊이지 않아 결국은 오래 가지 못해 그 가게마저도 문을 닫을 수밖에 없었다.

그래, 경주로 가자

시기와 모함으로 두 군데 민예사를 정리하고 나니 허탈한 심정마저 들었다. 여자 혼자의 몸으로 세상을 산다는 게 이토록 힘든 일인가. 문득 서러운 생각마저 들었다. 젊은 날의 고통은 나중에 달디단 열매가 된다고 하지만 당시로서는 견딜 수 없었다.

문득 고향이 떠올랐다. 얼마나 오랫동안 멀어져 있었던가. 고향의 밝은 햇빛, 부드러운 황토, 혈연들…….

"그래, 경주로 가자."

객지에서 고생을 할 대로 한 나는 조상의 고향 땅인 경주로 갈 결심을 했다. 수구초심(首丘初心)의 본능이었다.

마침내 1970년, 경주로 돌아온 나는 두 군데의 가게를 물색하고 민예사를 열었다. 경주의 민예사는 부산보다 한층 장사가 잘 되었다. 그런데 이번에는 1년도 되지 않아 가게에서 쫓겨나는 신세가 되었다. 가게 계약을 할 때 사기를 당했던 것이다. 억울하고 기막힌 심정은 이루 말할 수 없었다.

아무것도 할 수 없었다. 가게 옆에 달린 축축하고 어두운 골방에서 사흘 낮밤을 울었다.

무엇을 어떻게 해야 하는가. 이렇게 있을 수만은 없다. 무엇이든 해야 한다. 나에게는 딸아이가 있지 않은가. 울고만 앉아 있는 것이 나에게 무슨 도움이 되겠는가.

그 길로 점포를 구하러 나갔다. 가게 자리를 물색하기 위해 경주 시내 구석구석을 찾아다녔다. 민예사는 주로 외국인을 상대로 하는 장사이기 때문에 아무 곳에나 가게를 열 수 없었다. 때문에 마땅한 자리를 구하기가 쉽지 않았다.

그런데 경주관광호텔 옆에 시장을 짓다가 골조만 세워 놓고 다 짓지 못한 건물이 눈에 띄었다.

옳지, 저곳이면 되겠구나!

곧장 시장 사무실로 찾아가 점포 주인인 오실광 씨를 만났다. 그는 마침 자금이 부족하여 건축을 못하고 있던 참이었다. 내가 그 가게를 얻겠다고 하자 그는 쾌히 승낙하고 은행에 담보로 설정하여 융자를 받아 건물을 완공했다.

건물이 완공되자 곧장 '우미민예사'라는 간판을 내걸었다. 외국인 전용 점포인 민예사에서 나는 외국인들에게 우리의 민속 공예품을 팔아 외화를 벌어들이는 일을 했다. 수출 역군이 따로 없었다. 민예사는 날이 갈수록 번창해 돈을 빗자루로 쓸어 담을 정도였다.

사실 당시는 관광 산업이라는 인식이 전무할 때여서 시에서는 '관광'의 '관' 자도 모르고 있었고, 단지 민간 차원의 관광협회라는 것이 있었는데, 그것도 명목상의 단체일 뿐이었다. 관광협회의 경주 지부장인 정 국장이 나를 관광협회의 이사로 추천해 주었다.

더욱이 달러를 많이 벌어들이게 되자 국가에서는 단수 상용 비자를 발급해 주었다. 당시 일반인들은 외국 나들이는 엄두도 못 낼 때인데, 난 단수 상용 비자 덕분에 1년에 한 번 외국을 드나들 수 있었다. 정말 나에게는 특별한 혜택이 아닐 수 없었다.

직접 도자기를 굽기로 마음먹고

 민예사를 운영하면서 돈은 잘 벌었지만, 마음 한 구석이 늘 편치 않았다. 전통문화 상품을 만드는 사람들이나 그것을 취급하는 사람들이 우리 문화에 대한 인식이 제대로 되어 있지 않았기 때문이다.
 일찍이 문화재에 대한 관심을 가지고 공부를 한 내 눈에는, 어떤 것이 좋은 것인지 나쁜 것인지, 심지어는 진짜와 가짜의 구별도 하지 못하는 사람들이 외국인들에게 우리 문화를 소개한다는 사실이 정말이지 걱정스럽기까지 했다. 우리 것을 제대로 알지도 못하면서 외국인들에게 그것을 알린다고 하면, 외국인들은 우리 문화를 그 수준으로만 이해할 것이 아닌가.
 이런 생각을 하게 된 것은 특히 도자기를 취급하면서였다. 도자기를 팔면서도 당당하게 외국인들에게 소개를 할 수 없었다. 도자기니 민속 공예품에는 본심본성이 깃들여져 있고, 그 모양새에서 미적 감각을 느낄 수 있어야 한다. 우리 민예사에서는 당시 누구라면 다 알 만한 유명한 도예가들의 작품을 취급하였는데, 문제는 그 작품들을 그 도예가들이 직접 만들지 않는다는 것이었다.

옛날에는 그러지 않았지만 오늘날에는 도자기를 구우면 밑부분에 반드시 작품을 만드는 사람의 호나 이름을 새기게 된다. 그런데 대부분 이름난 사람들도 공방을 두고 문하생으로 하여금 성형이나 투각을 하게 하고, 버젓이 온전한 자신의 작품인 양 이름을 새겨 넣는 것이었다.

자신의 이름을 새겨 넣을 수 있는 작품은, 모든 과정을 자신이 직접 해야 한다.

예술이란 무엇인가. 작가의 본심본성으로 인해 판단된 미적 지감력이 기술의 조화에 의해 만들어지는 것이다. 즉, 작가의 본심본성, 미적 지감력, 기술 등 세 가지가 일치되어 조화를 이룰 때 그것을 비로소 예술이라고 할 수 있는 것이다.

도자기의 경우 흙의 배합에서부터 성형, 잿물을 바르는 일, 가마에 불을 넣는 일까지 온전히 자신이 해야만 자기의 작품이라고 할 수 있다. 이것을 나는 일인일심일작(一人一心一作)이라고 한다.

특히 작품이라고 붙인 것은 그냥 단순한 그릇이 아니다. 그것을 빚는 사람의 마음과 혼이 불어넣어져야 한다. 또한 자신이 빚고자 하는 그릇에 따라 흙의 배합이나 성형, 잿물, 가마의 여건 등 모든 것이 달라져야 한다. 그런데 작가가 빚고자 하는 작품 세계를 아무리 문하생이라고 해도 알 수 없는 것이다. 또한 불에 따라 소지가 잘 견디는지 견디지 못하는지, 잿물이 변색되는 불에 녹아내렸는지 작가가 직접 눈으로 확인하지 않으면 알 수 없다. 그렇기 때문에 도제에 의해 그릇이 만들어질 경우 그것은 작품이라고 할 수 없다. 공장에서 만들어지는 생산품인 것이다.

당시 민예사에 들어오는 그릇들은 거의 모든 것들이 작가의 사상이 투영된 작품이라기보다는 공장에서 만들어지는 기성품이나 마찬가지였다. 그렇다고 하더라도 예술가의 지도하에 만들어진다면 다행이지만, 대부분이 지도하는 사람의 판단력이 갖추어져 있지 않다는 데 문제가 있었다.

나는 그런 행태들에 대해 환멸을 느끼기 시작했다. 게다가 도자기를 굽는 방식도 우리의 전통 가마 방식이 아닌 일본이나 서구의 가마 형식에 따르고 있었다.

우리의 민속과 문화에 대해 공부를 한 나로서는 그런 행태들을 지켜보는 것이 고통스러웠다.

그래서 큰 결심을 하게 되었다. 직접 도자기를 구워야겠다는 것이었다. 본시 옹기장이의 딸로서 흙을 다루는 일에는 자신이 있었다. 물론 흙을 만지는 일과는 너무 거리가 먼 일에 종사하고 있었고, 그즈음 우리 집안에서는 아무도 옹기 굽는 일을 하고 있지 않았다.

아버지가 돌아가신 후, 농업학교를 졸업한 큰 오빠는 고향으로 돌아와 가업을 이어 옹기를 구웠지만, 내 나이 스물다섯에 그만두어 우리의 가업은 그것으로 끝이 났었다. 나름 인텔리젠차인 큰오빠는 천하게 대우받는 옹기장이 일이 잘 맞지 않았던 모양이다.

집안에서도 더 이상 흙을 다루는 일을 하지 않고, 또 나도 직접 흙을 만지고 그릇을 빚지는 않았지만, 집안의 내력이라는 것은 무시할 수 없었는지, 왠지 자신이 있었다. 어릴 때 본 바가 있었기 때문이다.

그런 참에 이런 결심을 굳히게 해준 분은 '살아 있는 신라인'이라 불린 윤경렬 선생이었다.

윤경렬 선생은 실업고등학교를 운영하고 있는 박광도 씨에게 도요를 설립해 학생들에게 우리 문화를 알려줄 수 있는 실습장으로 활용하자는 의견을 내놓았고, 나에게도 함께 참여할 것을 권유했다. 그래서 윤경렬 선생과 의논 끝에 박광도 씨 학교 옆에 작은 집을 사기로 결정하고 이튿날 당장 계약을 했다. 그리고 '선도요'라는 이름을 붙이고 가마를 묻게 되었다.

그러나 학생들의 실습장으로 이용하자는 계획은 곧 수포로 돌아갔다. 반대를 하는 사람이 있었기 때문이다. 결국 혼자 선도요를 운영하면서 낮에는 민예사를 경영하고 밤에는 늦도록 흙을 빚는 재련(再練)을 거듭하였다.

민예사를 운영하면서 생긴 일

민예사를 운영하면서 별의별 우여곡절을 다 겪었다. 아주 신비한 체험도 했다.
사람들은 '축지법' 하면 산속에서 도를 닦는 사람들이 쓰는 도술 정도로 이해한다. 하지만 축지법은 도술이 아니다. 특별한 능력을 가진 사람들의 전유물도 아니다. 그렇다고 아무나 할 수 있는 것은 더더욱 아니다. 오로지 맑은 정신력을 가진 사람만이 가능한 일이라고 생각한다.
민예사가 완전히 자리를 잡아갈 무렵, 하루는 20세가량 된 청년이 우리 가게에 들어섰다. 그리고 가게 안을 빙 둘러보더니 진열장을 가리키며 조카딸 진영이에게 말했다.
"저런 물건들이 뽕나무 밭에 많은데……."
하고 말을 흘렸다. 그 말을 듣고 진영이 2층에 있는 나를 불러 내렸다.
"어떤 물건들이 많은교?"

청년이 가리킨 것은 고려 시대 백자와 불상이었다. 눈이 번쩍 뜨였다.

"어디에 그런 게 있는데요?"

"의성에 뽕나무 밭을 개간했는데, 그곳에 가면 많심니더."

호기심이 생겼다. 당시만 해도 문화재 관리가 허술할 때라 유물들이 아무데서나 나오는 경우가 더러 있었다.

돈 2만 원을 들고 아무 의심 없이 청년을 따라나섰다. 버스를 타고 의성 탑리를 향해 가는데, 청년은 바짝 긴장된 모습으로 자꾸 이상한 행동을 했다. 무더운 여름도 아닌데, 땀을 뻘뻘 흘리면서 정류장마다 차에서 내리곤 하는 것이었다.

"왜 자꾸 이렇게 차에서 내리는교?"

"더워서 안 그랍니까?"

청년이 약간 이상하게 느껴졌지만, 대수롭지 않게 생각해 버렸다. 머릿속에는 오로지 물건들을 빨리 보고 싶은 욕심뿐이었다.

다시 버스를 타고 가는데, 청년이 느닷없는 질문을 했다.

"아주머니는 돈을 벌어서 무엇에 쓸십니까?"

"돈 벌면 할 게 많지요. 우리 후대들에게 삶의 근본을 밝히고, 그런 것들을 통해 바르게 살아갈 수 있도록 마음을 지도할 수 있는 터전을 구하고, 또 많은 사람들이 배움을 통해서 정당한 판단력을 갖추는 데 쓸 생각이오."

이것은 지금도 변치 않는 내 생각이다. 난 평생을 살아오면서 모든 현상의 원리가 무엇인지를 추구하면서 살아왔다. 우주의 원리를 추구하고, 그 뜻에 따라 행하면 어떤 일이든 뒤탈이 없다고 믿기 때문이다. 곧 순리에 따르면 모든 일에는 후유증이 생기지 않는다고 생각하는 것이다.

질병으로 죽음의 질곡을 넘나드는 가운데 사람이 살아가는 근본 이치에 대해 깊은 생각을 하게 되면서 나름의 철학을 가지게 되었던 것이다.
 이런 내 생각을 말하자 청년은 알아들었는지, 못 알아들었는지 가만히 고개를 숙이고 듣고 있었다.
 오후 늦게서야 버스가 탑리 정류장에 이르렀다. 버스에서 내리자마자 청년은 미리 약속이나 한 듯 여장부터 풀자며 작은 여관으로 나를 이끌었다.
 빨리 물건을 보고 싶은 생각에 나는 우선 물건을 가지고 와 보여 달라고 재촉했다. 그랬더니 청년은 엉뚱하게도 혼자서는 무서워서 못 간다며 나와 함께 가자는 것이었다.
 욕심에 가득 차 있던 난 청년의 말이 앞뒤가 맞지 않는다는 사실을 미처 깨닫지 못했다. 밝은 대낮에 뭐가 무섭단 말인가.
 "그럼, 아까 버스에서 내려 바로 갈 것이지 뭐 하러 여관까지 왔는교?"
 "늦으면 주무셔야 할 게 아닙니까?"
 "그 동네는 어딘데요?"
 청년은 산모퉁이 한 곳을 가리켰다. 아련하게 몇몇 집들이 보였다. 내 짐작으로는 금방 돌아올 수 있을 거리였다.
 청년을 앞장세우고 그 동네로 갔다. 그런데 얼마만큼 가다보니 청년이 애초에 가리킨 동네가 눈앞에서 보이지 않는 것이었다. 주위를 둘러보니 청년이 가리킨 동네는 오른쪽 저쪽에 있는데, 우리는 반대편으로 가고 있었던 것이다.
 "지금 어디로 가는교? 길을 잘못 든 것 같은데?"
 "이쪽으로 가면 지름길이 나옵니더."

청년의 말을 또 아무 의심 없이 받아들여 그를 계속 따라갔다. 그 사이에 이미 해는 져서 땅거미가 내려오기 시작했고, 아무리 가도 청년이 가리킨 곳은 나오지 않았다. 주위는 벌써 어두워져 보이는 것은 청년과 나뿐이었다.

"아직도 다 안 왔는교?"

"이제 산모퉁이만 돌면 됩니더."

산모퉁이를 돌아가고 있을 때였다. 청년이 갑자기 소스라치게 놀라면서 뒤로 한 걸음 물러섰다.

"무슨 일인교?"

"어이구, 놀랬다. 왠 짐승 한 마리가 지나갔심니더."

나는 뭘 그 정도 가지고 놀라냐며 짐승들은 불을 보면 달아나니 성냥을 가지고 왔으면 불을 켜라고 했다.

지금 생각하면 청년의 행동에는 허점투성이였는데도 내가 아무 의심 없이 따라갔던 것은, 오로지 물건에 대한 애착과 욕심 때문이었다.

청년에게 계속 길을 재촉했다. 가도가도 청년이 말한 곳은 나오지 않고, 사위는 칠흑 같은 어둠에 푹 잠기어 갔다.

조금씩 화가 나기 시작했다.

"이렇게 먼 길을 올 거면 택시를 타고 올 것이지, 이게 무슨 일인교?"

"택시 운전수가 이 비밀을 알면 우짜고요."

듣고 보니 그럴 듯했다.

얼마만큼 가자 마침내 청년이 어둠 속의 하얀 집을 가리키며 다 왔다고 했다. 그러나 청년을 갑자기 짐승들이 나타날까 봐 무섭다며 왼쪽의 산 위로 올라갔다.

그리고는 "최 씨! 최 씨!" 하고 부르는 것이었다. 그깟 짐승들이 뭐가 무섭다고 저러지, 하며 입속말로 중얼거리면서도 청년이 올라간 산 위로 따라가지 않을 수 없었다. 청년을 따라가다 보니 내리막길이 있었다. 그 아래로 집 한 채가 보였다. 그곳이 청년이 얘기한 곳인가 보다 생각하며 따라 내려갔다.

그런데, 아래에서 기다리고 있던 청년의 목소리가 갑자기 돌변하더니 "여기 앉아!" 하며 뭔가를 들이댔다. 어둠 속에서 빛이 번쩍하는데, 칼이었다.

순간 당했다, 죽었구나, 하는 생각이 들었다. 머릿속에는 아주 빠른 속도의 회전이 일어났다. 한순간 머릿속이 유리알처럼 아주 맑아지면서 칼날에 대한 공포가 사라졌다.

내가 여기서 너에게 죽고 말 것인가. 그래, 죽인다고 덤비면 죽으리라.

나도 모르게 재빠르게 청년의 멱살을 잡고 한 발로 펄쩍 뛰었다. 어디서 그런 기적 같은 힘이 솟았을까? 꽤 높은 언덕을 청년의 멱살을 잡은 채 뛰어오른 것이었다.

언덕에 올려놓자 청년은 내 앞에 무릎을 꿇었다. 그에게 엄숙하고 냉정하게 말했다.

"그래, 죽여라. 나는 많이 살았다. 니가 내보다 이 나라에 좋은 일을 많이 할 수 있는 인간이라면 내가 죽어 주마."

너무나 순식간에 일어난 일이었다. 청년을 고개를 숙인 채 잘못했다고 말했다. 청년의 어깻죽지를 거머쥐고 그를 일으켜 세웠다.

"좋다. 너도 장하고 나도 장했다. 이 일은 너와 나만 아는 일로 하겠다. 저 달과 별에 맹세한다."

순간 그가 내 손을 뿌리치고 달아나려고 했다. 나는 꼭 잡고 놓아 주지 않았다.

"나는 너를 해치지 않는다. 내 아들로 삼을 테니 도망가지 말아라."

내 말에 그는 순순히 따랐다. 그의 팔을 꼭 끼고 보리밭이라는 노래를 부르며 산을 내려왔다. 그때 나는 청년에게서 빼앗은 칼을 멀리 내던져 버렸다.

여관에 돌아와 청년에게 왜 나를 죽이려고 했는지 물었다. 그는 누군가의 부탁으로 40만 원의 돈을 받기로 하고, 그중 선수금으로 20만 원을 받아 나를 죽이려고 했다고 털어놓았다. 그러면서 자신은 그저 그 돈으로 양계장을 하고 싶었을 뿐이라고 했다. 누가 시켰는지 말을 하라고 했지만, 그는 입을 꼭 다문 채 도무지 말을 하지 않았다. 더 캐물어 봤자 부질없는 짓이라고 생각해 다른 방을 얻어서 문을 잠그고 나는 그냥 자 버렸다.

이튿날 일어나 보니 청년은 어디론가 사라져 버린 후였다. 이젠 더 이상 다그치지 않고 청년을 경주로 데려가 양계장이나 하나 마련해 주려고 했는데, 나를 또 속이고 달아난 것이었다. 인근 파출소에 가 지난밤에 있었던 일을 자초지종 설명했다.

파출소장은 경주에 가서 그를 고발하겠느냐고 물었다. 달과 별에 대고 없었던 일로 하자고 맹세했기 때문에 고발할 수는 없다고 했다. 대신 지난밤 그곳에 함께 가 달라고 부탁했다. 파출소장이 내준 지프를 타고 그곳에 가 보았다.

그런데 놀랍게도 그곳은 2미터 깊이의 구덩이였고, 언덕에 내 발자국이 선명하게 찍혀 있었다. 그러니까 청년의 멱살을 잡고 2미터가 넘는 언덕을 한발로 뛰어오른 것이었다. 평상시에는 도저히 엄두를 낼 수 없는 그런 높이를 한순간에 뛰어올랐다니!

그곳을 확인하고 여관에 돌아온 나는 청년이 묵은 방에서 쪽지를 발견했다. 거기에는 경주에 가서 만나자는 약속이 적혀 있었다. 오랜 세월이 지난 지금도 그 청년이 생각난다. 지금까지 그 청년은 내 앞에 나타나지 않고 있는데, 다만 개과천선(改過遷善)해서 잘 살고 있기를 바랄 뿐이다.

청년이 누구의 부탁을 받고 나를 죽이려 들었는지는 아직도 미스터리로 남아 있지만, 그날 체험은 너무도 신기하여 지금도 가끔 기억을 되살려본다. 난 축지법을 체험했다. 축지법은 머릿속이 유리알처럼 맑은 상태에서 일어나는 기적 같은 일이라 생각된다. 그것은 바로 공심공력(空心空力)의 결과이다. 그때 이미 죽을 각오를 했기 때문에 머릿속에 다른 아무 생각도 들지 않은 맑은 상태였던 것이다.

옛말에 호랑이에게 물려가도 정신만 차리면 산다는 이야기는 이와 같은 맥락이리라.

지금도 가끔 그때처럼 맑은 정신을 갖고자 하지만 그런 티 없는 맑은 정신 상태를 갖기는 쉽지 않다. 욕심을 떨쳐 버리지 못했기 때문이다.

도굴범이라는 누명을 쓰고

　청년의 일이 있은 후에도 민예사는 날로 번창해 갔다. 그 덕분에 천마총에다 가게를 하나 더 열 수 있게 되었다. 천마총 가게의 운영을 조카에게 맡겼는데, 가게는 날이 갈수록 번창해 갔다. 천마총 가게에는 주로 신라 유물 이미테이션을 팔고 있었는데, 신라 왕의 금장 귀고리 등은 날개 돋친 듯 팔려 나갔다. 양쪽 가게에서 벌어들이는 외화는 어마어마했다.
　그러나 인간사 새옹지마(塞翁之馬)라고 했던가. 어느 날 갑자기 검찰에서 조사할 것이 있다며 소환을 했다. 영문도 모른 채 검찰에 출두했다. 장 검사라고 자신을 소개한 검사는 나를 보자 다짜고짜 심문을 하기 시작했다.
　"당신이 최차란이요?"
　"네, 그런데요."
　"우미민예사와 천마총 민예사가 당신 소유 맞소?"
　"그렇습니다."

"투서가 들어왔소. 당신이 신라 금장 귀고리를 도굴해 가지고 있다는데, 사실이오? 그게 사실이라면 어떻게 되는지 알아?"

다짜고짜 윽박지르는데 청천벽력이 따로 없었다. 내가 파는 것은 이미테이션인데, 도무지 무슨 소리를 하는지 감을 잡을 수 없었다. 누가 무슨 억하심정으로 나를 모함하려든단 말인가?

나는 펄쩍 뛰었다.

"절대 아니오. 나는 정직하게 원칙을 지키고 사는 사람이오. 죄가 있다면 가게에 뒹구는 막사발을 일본인들에게 판 죄밖에 없소. 그건 조사를 해보면 알 수 있지 않소."

장 검사가 대뜸 소리를 지르며 내 말을 가로막았다.

"무슨 소리야. 당신이 그랬다는 걸 알고 있는 사람이 이렇게 있는데?"

그는 서류를 들썩거리며 고함을 쳤다. 내가 강하게 나가니까 내 기세를 꺾어 볼 심산인 모양이었다.

눈 하나 까딱하지 않고 그를 똑바로 쳐다보면서 말을 했다.

"그럼, 그 투서한 사람이 누구인지 대시오."

"그건 당신이 알 사항이 아니고, 사실대로만 말을 해."

장 검사의 말투가 거칠어지더니 이젠 아예 반말로 지껄였다. 하지만 사실이 아닌 것을 인정할 수 없었다.

그는 계속 다그쳤다. 나는 계속 부인했다. 점차 시간이 지날수록 대꾸할 필요가 없다는 생각이 들었다.

조개처럼 입을 꼭 다물었다. 말을 하지 않는 것이 결백을 입증하는 길이라고 생각했다. 내가 입을 다물자 그는 아예 신경질적인 반응을 보였다.

"이러다 날 새겠네. 어서 말해. 당신이 유물을 빼돌린 것 아냐?"

"……."

"최차란 씨. 우리 빨리 하고 끝냅시다. 내가 적당한 선에서 처리할 테니, 당신이 그랬다고 인정을 해요."

시간이 지나자 회유할 모양이었다.

"……."

"아, 글쎄. 당신이 인정을 해도 뭐 벌은 받지 않을 테니, 인정만 해요, 어서."

아무리 감언이설(甘言利說)로 회유를 한다고 해도, 아니 목에 칼이 들어와도 아닌 것은 아니었다.

"아, 정말 죽갔구만. 꼴딱 밤샐 거요?"

그러더니 그는 권 형사에게 나를 호텔방에 감금시키라고 했다. 나는 꼿꼿한 자세로 입을 다문 채 계속 버텼다. 그날부터 우리 집 가택수색을 시작하고, 우리 집에 있던 금장 귀고리를 박물관에 감정을 의뢰했다.

호텔방에서 밤을 샜다. 검사는 계속 심문했지만 사실이 아닌 것을 인정할 수 없었다.

정말 답답하고 억울한 심정을 가늠 수 없었다. 참다못한 나는 그에게 일갈했다.

"검사님, 나는 당신 마음을 헤아릴 수 있는데, 당신은 왜 내 마음을 엿보지 못하는교? 그럴 바에는 차라리 나를 빨리 가막소에 보내시오."

그러자 그가 나를 겁주자는 의도로 아주 교활하게 말했다.

"가막소에 가면 살인범들 곁에 집어넣을 텐데, 살인범이 어떻게 하는 줄이나 알아. 당신?"

"살인범도 인간인데 설마 당신보다야 더할까?"

하도 답답한 마음에 그에게 그렇게 말을 하고는 더 이상 말을 하지 않았다. 그들이 시켜 준 밥에는 입도 대지 않고 계속 묵비권을 행사했다. 장 검사는 때로는 억압적으로 또 때로는 달래면서 죄를 인정하라고 했다.

"사실이 아닌 것은 인정을 하지 못하겠소. 차라리 여기서 죽겠소."

그리고 그 자리에 드러누웠다. 정말 그 자리에서 죽겠다는 심정이었다.

검사는 포기한다는 표정을 지었다. 그렇게 이틀이 지난 후에야 겨우 풀려날 수 있었다. 나중에 알고 보니 관광 교육을 받을 때 함께 일본에 갔던 '화랑택시' 사장이 돈 1백만 원을 내고 대신 합의를 해주어 풀어 준 것이었다. 박물관에 감정 의뢰를 한 금장 귀고리는 가짜로 판명이 났지만, 그들은 내가 보유하고 있던 인화문마상배와 입불상을 빼앗아 가고, 돈 1백만 원까지 합의금으로 받았던 것이다.

집으로 돌아온 나는 만신창이가 된 심정이었다. 하늘은 무엇 때문에 나를 이토록 힘들게 하는가. 이것이 하늘의 뜻이라면 나를 어떤 사람으로 만들려고 이 같은 시련을 주는가.

나를 무고한 사람들은 내가 번창하는 것을 시기한 장사꾼들이고, 검사는 그들과 금전적으로 결탁한 사람들이었을 것이다. 그런 인간들에게 정신적인 고통을 당하는 것이 억울하고 또 억울했다.

그 일이 있고 얼마 후 강봉조라는 사람이 찾아와 천마총 가게를 자신에게 팔라고 했다. 팔지 않겠다고 하자 작은오빠 동창인 조용관 씨를 중간에 세워 큰오빠에게 공갈을 쳤던 모양인지, 큰오빠는 나더러 "마, 파는 것이 좋다. 고마 없었던 걸로 해라."고 했다. 천마총에다 가마를 묻고 우리의 전통 가마법을 국제적으로 알릴 생각이었는데, 어떻게 해볼 도리 없이 그만 강제 매각을 당하게 된 것이다.

천마총 가게뿐만 아니라 우미민예사도 정리하기로 결심했다. 가짜와 거짓이 판치는 세상에서 가짜와 거짓에 휘둘려 살기가 싫어졌다. 진실을 추구하는 일을 찾아야겠다는 마음이었다.

결국 우미민예사는 이질에게 슈퍼마켓을 하라고 하고, 천마총 가게는 시청이 관리하고 강봉조가 대표로 있는 '신라개발'에 한 푼의 권리금도 받지 못한 채 가게를 살 때의 가격인 1천9백만 원만 받고 고스란히 넘겼다. 1억 원어치가 넘는 물건은 아무 곳에나 뒹굴게 되었다.

제 2 부
토함산 기슭에 가마를 묻고

해 뜨는 언덕의 새둥이요

 천마총 가게를 정리한 후, 다른 곳에 자리잡자고 마음먹고 마땅한 곳을 찾아다니던 어느 날 새벽, 잠결에 누군가의 목소리가 들리는 듯했다.
 "일어나라, 떠나라."
 문을 열고 주위를 둘러보았지만 아무도 보이지 않았다. 문득 최제우 할아버지라는 생각이 들었다. 어려운 일이 있을 때마다 최제우 할아버지는 이렇게 나를 깨우쳐 주곤 했다.
 천마총 가게를 정리한 돈 3백만 원을 수표로 바꾸어 바지 주머니에 넣고 가마터를 알아보기 위해 길을 나섰다. 그런데 나도 모르게 불국사가 있는 마동 쪽으로 발길이 옮겨졌다. 마동은 토함산 기슭에 있는 동네이다. 토함산이 어떤 산인가? 우리나라에서 가장 먼저 해를 맞는 산이다. 태양의 강한 기를 가장 먼저 맞는 땅이다. 그렇다면 내가 생각하는 도자기를 굽기에 적당할 것 같았다.
 마동에 가서 가마터를 찾았다. 마침 마동의 참봉 영감이 사과 과

수원을 소개해 주었지만 그 터전은 썩 마음에 들지 않았다.
 그때 눈에 확 들어오는 장소가 있었다. 그곳이 바로 지금 내가 터전으로 삼고 있는 이곳 덤멀리이다. 난 참봉 영감에게 "저기 저 산등성이 같은 곳이 좋은데요."라고 말했더니, 그는 소개해 준다고 말만 하고는 아무 소식이 없었다.
 하는 수 없이 내가 직접 그곳을 가보니, 도자기의 태토로 적당한 흙산이었다. 누런 황토흙에다가 언덕배기 앞으로는 너른 벌판이 한눈에 들어오는데, 어찌나 좋은지 놀랍고 당황스럽기까지 했다. 반드시 손에 넣어야겠다는 생각이 들불처럼 일어났다. 마치 정해진 운명처럼 그 땅은 나를 끌어당겼다.
 마침 우물가에서 한 아주머니가 빨래를 하고 있었다. 대뜸 아주머니에게 말했다.
 "참 좋은 데 사시네요."
 아주머니에게서 나온 말은 너무 뜻밖이었다.
 "좋거든 사소."
 귀가 번쩍 뜨였다. 반색하면서 물었다.
 "얼만데요?"
 "2천5백만 원에 주소."
 "고마 2천만 원에 자릅시다."
 나에게는 천마총 가게를 정리한 돈 1천9백만 원이 있어 1백만 원만 더 보태면 된다는 생각이었다.
 "그라지 말고 2백만 더 얹어 2천2백 주소."
 그 자리에서 작은 종이쪽지를 꺼내 두말 않고 계약서를 작성했다. 돌아오려는데 자가용 한 대가 그곳으로 미끄러져 들어갔다. 아마도 땅을 보러 오는 게 아닌가 했지만 내가 이미 계약을 했기 때문에 안심하고 돌아왔다.

그런데 이튿날, 땅 주인은 3백만 원을 더 달라고 하면서 그러지 않으면 해약을 하자고 했다. 또 잔금도 일시불로 다 내라고 하는 것이었다. 이 땅을 놓치고 싶지 않았다. 결국 울며 겨자 먹기로 땅 주인이 하자는 대로 하는 수밖에 없었다.

민예사를 정리한 후 마을의 서 씨 아주머니 부부의 도움을 받아 선도요를 뜯어서 마동 토함산 기슭으로 완전히 옮겨 앉았다. 그리고 가마터를 잡고 새등이요라 이름 붙였다. 그것이 1974년이다.

새등이요는 이두문으로, 사등이요(史等伊窯)라고 적는다. 새등이의 새는 밝은, 새로운의 뜻이다. 해가 가장 먼저 뜨는 동쪽에 흐르는 천이 바로 새등이다. 새등이라는 말은 『동국여지승람(東國輿地勝覽)』에 나오는 이름으로 윤경렬 선생과 사학자 김원주 선생, 나 세 사람이 의논해 붙인 것이다. 처음 윤경렬 선생과 김원주 선생이 그 이름을 추천했을 때 두말 않고 동의한 것은 온통 거짓투성이, 모순투성이인 세상에 이곳에서만은 거짓말을 하지 않는 작품을 만들어야 한다는 생각에서였다.

정호다완과의 만남

새등이요로 옮긴 후 가장 먼저 가마를 묻었다. 옹기장이의 딸로 태어났지만 가마를 묻는 것은 쉬운 일이 아니었다. 어릴 적 기억을 되살려 가마의 모양을 잡아갔지만, 가마는 그리 쉽사리 만들 수 있는 것이 아니었다.

혼자 연구를 해가며 이렇게도 해보고 저렇게도 해보면서 실패에 실패를 거듭했다. 가마 전문가라고 하는 사람이 많았지만 이치를 모르고 만들기 때문에 실패하는 경우가 많았다.

한번은 이천요에 있다는 사람이 가마 전문가라고 자처하여 그에게 일임해 보았다. 원래 가마를 묻어 주면 한굴을 구워 주어 가마가 잘 말랐는지, 불이 잘 오르는지, 굴의 경사는 적당한지 등을 살펴 가마가 제대로 만들어졌는지 확인해 주는 것이 원칙인데, 그는 한굴도 구워 주지 않고 돈만 받아 가버렸다.

가마, 돌, 흙의 두께도 어떤 그릇을 굽느냐에 따라 다 다르다. 청자 가마는 환원염으로 두께가 두껍고, 입구가 작아야 하고, 분청사기는 산화염으로 가마 두께가 얇고 입구가 넓어야 한다.

이런 사실을 잘 모르고 있던 나는 결국 사촌오빠의 도움을 받아 가마를 완성시켰다. 여러 번 시행착오를 겪으면서 가마를 이해하기까지 10년, 흙을 이해하기까지 15년이라는 세월 동안 우리 전통 가마의 바탕을 익혀 갔다.

이처럼 고집스레 우리의 옛 가마를 그대로 재현하려고 하는 이유는 정호다완에 있었다.

정호다완(井戶茶碗)을 처음 만난 것은 1971년이다. 민예사 시절, 나는 외화를 많이 벌어들인 덕에 외국 출입을 마음대로 할 수 있는 자격이 주어졌다. 그해 나는 상업적인 목적으로 일본에 가게 되었는데, 업무를 끝마치고 도쿄에 들러 박물관을 견학할 기회가 있었다.

박물관을 구경하고 있던 나는 눈이 번쩍 뜨였다. 조선조 막사발이 있었기 때문이다. 문화재에 대한 공부를 쭉 해왔던 나는 거기에 대한 분별력이 있었기 때문에 그것이 조선 초기 밥그릇으로 쓰이던 막사발이라는 것을 단번에 알 수 있었다. 아무리 보아도 조선시대 만들어진 우리나라 사발인 게 분명했다.

그런데 거기에는 국보고려정호다완(國寶高麗井戶茶碗)이라는 명패가 붙어 있었다. 적이 놀랐다. 왜 조선 초기의 그릇에 고려라는 국명이 붙었는지, 거기다가 어떻게 국보로 지정되었는지, 도무지 알 수 없었다. 일제 때 공부를 한 탓으로 우리나라의 역사에 대해서는 잘 알지 못해 확실한 판단이 서지 않았다. 그러나 가만히 더 듬어 보니 고려는 세계적으로 알려진 우리의 국명이기 때문에 그 국명을 그대로 쓴 것이라는 판단이 들었다.

그런데 국보라는 것은 무엇인가? 조선 시대의 사발이 우리나라의 국보도 아니고 일본의 국보라니? 일본의 국보로 지정되어 있는 조선조의 막사발을 보면서 나는 여러 가지 생각이 떠올랐다.

국보라는 것은 무엇인가? 나라의 보물이라는 뜻 아닌가? 그렇다면 우리나라의 그릇을 버젓이 제 나라의 보물이라고 한 것은 무슨 속셈인가? 문득 섬뜩한 생각이 들었다. 내선일체(內鮮一體)를 강조하면서 일제가 우리 문화를 어떤 식으로 말살했는지 다 지켜본 세대였다. 창씨개명, 신사참배를 강요하면서 일본과 조선은 하나라는 사상을 주입시켰던 일본이었다. 문득 그들이 제국주의 시대에 내선일체 사상을 적용해 붙인 이름을 그대로 사용했는지도 모른다는 생각이 들었다.

한편으로는 일본인들의 남다른 문화적 안목에 놀라지 않을 수 없었다. 막사발은 그냥 단순하고 질박한 사발이다. 흔히 백자나 청자의 세련된 아름다움에만 가치를 두는 우리와는 다르게 일본인들은 뭔가 다른 안목을 가지고 있었던 것이다.

일본인들이 왜 우리의 조선조 막사발을 국보로 정했는지 궁금증이 생겼다. 단순히 문화적 안목이 남다른 것 때문만은 아니라는 생각이었다. 사발의 내력을 추구하기로 했다. 우선 왜 정호다완이라는 이름이 붙었는지 알아보기로 했다.

일본의 성과 맞먹는 조선 막사발

　국보고려정호다완. 도쿄 박물관에서 그 사발을 본 뒤로 내 머릿속에는 온통 사발에 대한 생각뿐이었다. 날렵한 맵시를 가진 것도 아니고, 잿물 처리가 매끈하게 된 것도 아닌, 그저 여염집 부엌에서나 있을 듯한 평범해 보이는 그릇이었다. 아니 오히려 투박해 보이기까지 했다. 부드러운 곡선이 완만한 기울기로 모양을 이루고, 빛깔은 잿물이 덜 묻은 듯 붉은 황토빛이고, 밑둥이는 마치 개구리 알처럼 보이기도 하고, 개천의 자갈처럼 보이기도 하는 게 몽글몽글 잿물이 뭉쳐 있었다.
　틀림없이 조선 초기의 밥사발로 쓰이던 막사발이었다. 알다시피 우리나라는 도자기 예술에 있어서는 세계 정상이다. 고려 시대 청자가 세련미의 극치를 이루었다면, 조선 전기에는 분청사기가 발달하여 순수하고 질박한 본심본성을 그대로 드러내고 있다. 임진왜란 이후에는 분청사기가 퇴조를 하였고, 백자가 발달하게 되었다. 백자는 순백의 색깔과 단순한 모양새에서 감히 범접하지 못할 눈부신 아름다움을 뿜어낸다.

　그런 도자기에 비하면 막사발은 초라해 보이기까지 한다. 조선에서는 쓰다가 이가 빠지면 개밥그릇으로 쓰이는 천하디 천한 막사발이 일본 땅에서 국보가 될 만큼 명품으로 대우받는다는 것이 이상했다.

　분명히 고려 시대의 옹기 기법으로 구워진 우리의 사발인데, 어떻게 일본에서 국보로 되었는가?

　문득 임진왜란을 떠올렸다. 임진왜란은 조선 사회에 많은 변화를 가져다 준 전쟁이었다. 그런데 이 전쟁의 배경에는 단순히 도요토미 히데요시의 대륙 출정 야욕만 있었던 것이 아니었다. 이 전쟁을 도자기 전쟁이라고 일컬을 만큼 일본은 조선 도자기에 대한 욕심이 많았다.

　그들은 전쟁이 나자 우리나라의 많은 사기장들을 포로로 끌고가 그들로 하여금 도자기를 굽게 하였다. 지금 일본의 도자기가 세계적으로 이름이 나게 된 데는 포로로 끌려간 우리 사기장들의 솜씨가 전해진 데 연유한다고 본다. 내가 알고 있는 상식은 여기까지였다.

　하지만 임진왜란 때 포로로 끌려간 우리의 사기장이 구운 사발이라고 하기에는 조금 무리가 있었다. 그것은 기법이 말해 주기 때문이었다.

　조선 막사발이 일본의 국보가 된 내력을 알아보기 위해 알 만한 사람들을 수소문하고 다녔다. 그러던 중 민예사를 운영하면서 알게 된 사진작가 다께이시 도모다께(竹石友威)를 찾았다. 그는 히라노 교꼬(平野佼子)라는 화가와 함께 남산 칠불암에 미륵보살을 찍기 위해 왔던 사람이다. 나는 그와 함께 남산 답사를 한 인연으로 그를 찾은 것이었다. 그때 처음으로 그가 오다하라 삼보지(小田原 三寶寺)의 주지라는 사실을 알게 되었다. 그의 어머니는 보살이었는데 다도와 꽃꽂이 등에 조예가 깊은 분이었다.

다께이시 도모다께로부터 정호다완은 다도에 쓰이는 그릇이라는 사실을 알게 되었다. 그에 의하면 당시 일본은 도자기를 보석으로 여길 만큼 소중히 여겼다고 한다. 도자기는 곧 권력의 상징처럼 여겨졌다. 일본의 상류층들은 명나라의 도자기나 간혹 고려청자로 다도를 즐겼는데, 그들은 막강한 경제력으로 막부 정권에 영향력을 미치던 상인들이었다. 도자기에 관한 한 그들의 평가는 법이나 다름없었다. 그 상인들에 의해 조선 초기의 막사발이 일본으로 건너간 것이란 판단이 들었다. 그런데 그들이 조선의 막사발을 명품으로 평가해 오늘날 국보로 지정했다는 것이 참으로 놀라운 일이었다.

그러나 어찌 문화재라는 것이 단순히 역사가 오래되었다는 것만으로 국보가 될 수 있겠는가? 거기에는 반드시 무슨 예술적인 의미가 있을 터였다.

도대체 정호다완, 조선 막사발은 무슨 의미가 있는 것인가? 그들은 무엇을 보고 그토록 명품으로 정했던가? 온통 궁금증뿐이었다.

정호다완에는 반드시 숨은 뜻이 있을 거라고 생각한 나는 다완이 다도에 쓰이는 그릇이라는 데 착안해 먼저 다도를 배워야겠다고 생각했다.

다도를 배우다

마침 다께이시의 어머니는 다도에 조예가 깊은 분이었다. 그분에게서 다도를 배웠다. 일본은 막부 시대에 차 문화가 크게 발달하면서 다도(茶道)가 생겨났다.

다께이시의 어머니는 다구(茶具)를 갖추고, 적당한 온도에서 차를 마실 수 있게 물의 온도를 조절하고, 차를 따르는 법 등을 가르쳐 주었다. 그에게 다도를 배우면서 도무지 풀리지 않는 의문이 하나 있었다.

다도란 게 도대체 무엇인가. 거기에 무슨 큰 의미가 있기에 도(道)라고 붙였을까? 또한 차를 마시는 일에 예(禮)가 아닌 도(道)라고 하는 데 궁금하기 이를 데 없었다.

다께이시의 어머니에게 물어보았지만, 단지 순서나 질서를 잘 지켜 차를 마시는 법을 충실히 행할 줄만 알았지, 근본 의미를 모르고 있는 것 같았다.

책자를 구입해 다도에 대한 공부를 시작하였다. 이리저리 인연

따라 헤매면서 다도 교육을 받았다. 당시 나는 민예사를 하고 있었으므로 우리나라와 일본을 오가면서 다도를 배웠다.

그때 알게 된 이께우찌 사다꼬(池內定子)라는 부인으로부터 모모자끼(桃崎)라는 사람을 소개받았다. 그에게 다도를 배우고 싶다고 하자 후쿠오까에 사는 저명인사 고모리 슈운(古森琇雲) 선생을 만나 보라고 하였다. 고모리 슈운 선생은 중국 문화재 위원을 지냈고, 다도에 사용되는 나쯔메(香合)을 만드는 작가였는데, 일본의 남방류 차를 전승하고 있다. 남방류 차란 일본 다도의 대성자 센노 리큐(千 利休)에 의해 집대성된 와비차를 이르는 것이다. 와비차는 내면과 정신적 세계를 중요시하며 물질적, 향락적으로 흐르는 것을 막고, 진중함·청순함을 추구하는 전통을 가진 차 문화이다. 말하자면 자연차의 발로를 중시하는 것이다.

고모리 슈운 선생의 부인은 다도를 가르치는 사람이었다. 그러나 정작 부인은 다도에 대해 설명을 하지 못했고, 고모리 슈운 선생이 대신해 주었다. 부인에게서는 다도의 룰을 배우고 고모리 선생에게서 설명을 들으면서 열심히 다도를 익혔다. 그런데 그들은 다완을 무척 귀중하게 여기면서도 왜 귀중하게 여기는지 그 이유를 잘 모르고 있었다. 고모리 선생에게 그 이유를 묻자 단지 이런 말을 해주었다.

"다도는 차와 다완과 사람이 합치되어 진미를 가지는 실행도입니다."

그 말이 도무지 이해가 되지 않았다. 고모리 선생에게 질문을 하면 할수록 이야기는 점점 다른 방향으로 흘러 그 뜻은 점점 더 모호해져만 갔다.

도대체 차와 다완과 사람이 합치되어 진미를 낸다는 것이 무슨 뜻인가?

결국 다완을 직접 빚어 보기로 했다. 그렇지 않고는 그 뜻을 알지 못하리라는 생각이 들었다.

우리나라로 돌아와 낮에는 민예사 일을, 밤에는 다완 빚기에 열중했다. 1년에 한 번 갈 수 있는 비자를 활용하여 일본으로 건너가 다도 실행에도 힘썼다.

그렇게 몇 년이 흘렀다. 다도를 초전으로 끝내고 다완 빚기에 몰두하여야겠다는 생각이 들었다. 일본에서는 다도를 초전, 사범, 오전, 세 단계로 나누어 실행도의 룰을 가르치고 시험을 치르게 했다. 일종의 자격시험이었다.

다도의 기본 철학은 초전이나 사범이나 오전은 룰은 같고 교육과정이 다를 뿐이었다.

다도의 룰은 혼자서도 익힐 수 있다는 생각에 초전으로 만족하기로 했던 것이다. 또 일본의 다도는 다만 실행도일 뿐이어서, 다도를 행하는 사람들조차도 진정한 다도(茶道)의 의미를 모르고 있는 것 같았다.

때문에 다도보다는 사발에 담긴 뜻을 찾아내는 것이 먼저라는 분별심이 생겼다.

고모리 선생에게 내 뜻을 전하면서 초전 시험을 치르겠다고 했다. 고모리 선생은 그 길로 시험 보는 날을 알아봐 주었다.

1979년, 일본의 다도 전문가인 이에모도(家元) 씨를 비롯한 심사위원들 앞에서 다도 시험을 치렀다. 다도를 실행하는데 두 번이나 틀렸지만 다시 시작하여 무사히 끝을 맺을 수 있었다.

다 마치고 나자 이에모도 씨가 나를 보고는 빙긋이 웃으며 말했다.

일본에서 다도 초전 시험을 치르는 모습

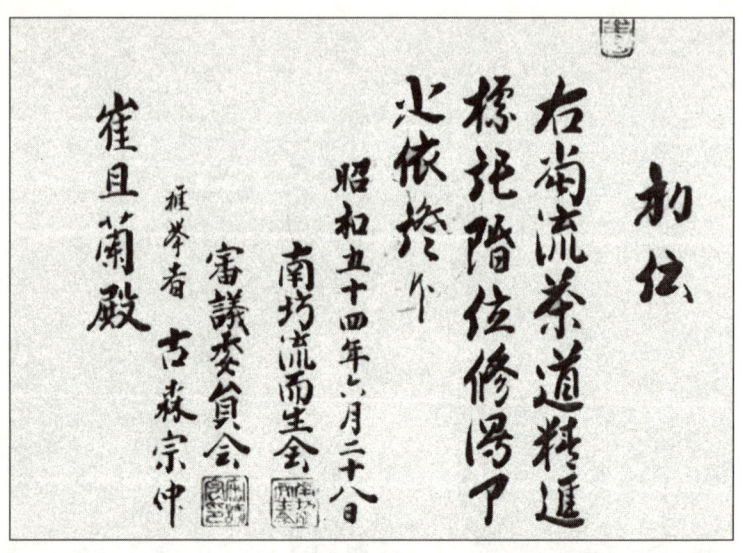

일본에서 초전 시험을 치른 후 받은 다도 시범 자격증

"두 번이나 룰에 어긋나기는 했지만 그 마음이 아름다워 합격을 시키겠소."

그 말을 듣고 나서 나는 그 엄한 심사위원들 앞에서 당돌하게 말했다.

"다도를 배우다 보니 그 근본이 우리나라 문화라는 것을 알게 되었습니다. 이제 나는 이것을 우리나라로 가져가겠습니다."

이런 말을 할 수 있다는 것은 지금 생각해도 가슴 떨리는 일이다.

내 말을 들은 두 심사위원은 동시에 무릎을 탁 치면서 말했다.

"그래! 그것을 모르면 다도를 배웠다고 할 수 없지요."

그 길로 우리나라로 돌아오기 위해 기차를 탔는데, 나고야(名古屋)로 가는 기차를 타고 말았다. 우리 문화를 되찾아간다는 벅찬

감격에 그만 엉뚱한 기차를 타고 만 것이다. 하는 수 없이 나고야 역에서 하룻밤을 묵고 이튿날 도쿄의 하네다 공항에서 비행기를 타고 부산으로 돌아왔다.

우리나라 밥상 철학에 연결시킨 다도

우리나라에 돌아왔을 때는 마침 민예사를 정리할 시점이었다. 민예사를 과감하게 정리할 수 있었던 것도 다완 빚기에 몰두하기 위한 것이었다.

한편으로 정호다완을 재현하는 데 몰두하면서 한편으로는 다도를 새롭게 정립하는 일에 신경을 쏟았다.

다도라는 말을 처음 사용한 것은 일본이다. 중국은 예나 지금이나 일상 속에서 차를 마시는 것이 발달되었다. 우리나라는 삼국시대부터 차 문화가 무척 발달한 나라이다. 『삼국유사』의 가락국기나 『삼국사기』 신라본기 흥덕왕 3년조 등에 나타나는 기록으로 보면 우리나라의 차 문화는 아주 오랜 역사를 가지고 있다. 차 문화의 전통은 고려 시대까지 이어졌다. 조선조에 이르러 차 문화는 급격히 쇠퇴했지만, 다성(茶聖)으로 불리는 초의 선사나 다산 정약용 등은 차를 즐겨 마시고 또한 책으로 남기기도 했다. 그런데 지금은 그런 차 문화의 맥이 끊어진 실정이다.

이런 상황에서 나는 우리의 다도 재정립이 무엇보다 중요하다는 생각을 하게 되었고, 일본인들도 잘 알지 못하는 다도의 근본 의미를 알아내야겠다는 결심을 하게 되었다.

다도는 일정한 룰에 따라 행하는 예로, 룰이란 곧 우주로부터 이어지는 실오라기 같은 흐름을 의미한다. 다구(茶具)는 그 쓰임에 따라 있을 자리에 있어야 하고, 차를 따르고 마시는 것은 반드시 순서가 있다. 이 순서에 따르는 것이 바로 룰이다. 말하자면 실오라기처럼 한 줄기가 쭉 흐름을 따라 이어져야 하는 것이다. 이 룰에 어긋나면 차를 마시는 데 반드시 거스름이 있고, 후유증이 따르게 마련이다.

다도의 룰을 연구하다가 나는 우리나라의 밥상 철학과 연결을 하게 되었다. 사람이 부모로부터 생을 이어받아 엄마 젖을 먹으면서 삶을 이어 나가다가 밥을 먹게 된다. 그리고 비로소 독립적인 한 사람으로서 스스로 연명을 하게 되는 것이다. 이렇듯 밥을 먹는 것은 단순히 먹는다는 것에서 벗어나 독립적인 인간으로서 살아 나간다는 것을 의미하기도 한다. 또한 밥을 먹는 것은 목숨을 유지하기 위해 평생 해야 하는 것이다.

때문에 밥상을 차린다는 것은 목숨을 유지한다는 아주 기본적인 의미 이외에도 여러 가지 측면에서 연구가 되었을 것으로 판단되었다. 보다 건강하게 살 수 있는 방법도 생각했을 것이고, 그러다 보니 먹을거리를 생각하게 되었을 것이고, 또 먹는 데 있어 편리함을 추구하였을 것으로 생각되었다.

이는 우리나라의 밥상 철학을 보면 더 분명하게 드러난다. 우리나라의 밥상차림을 보면 모든 것이 하나의 룰을 가지고 있다.

간장 종지가 밥상의 가운데 있고, 국그릇은 오른쪽에 밥그릇은 왼쪽에 둔다. 우리는 밥을 먹을 때 숟가락을 먼저 들게 하였다. 이는 식전에 먼저 간장을 한 숟가락씩 떠서 먹었기 때문인데, 이로써 우리 조상들은 건강을 지킬 수 있었다. 간장은 밭에서 나는 콩과 바다에서 나는 소금으로 만든 음식이다. 콩은 거름을 먹지 않고 오로지 지기가 응축되어 자라는 식물이고, 소금은 바닷물의 결정이다. 즉, 간장은 바다와 육지가 합류되어 중화를 이룬 것이다. 때문에 우리네 밥상에 가장 한가운데에 차지하고 있는 것이다.

또한 우리 밥상에 올라오는 음식은 발효 음식으로 어느 것 하나 자연을 거스르는 것이 없었다. 음식이 놓이는 것도 자연스러운 흐름이 이어지는 것이었다.

이렇게 우리의 밥상을 연구하다 보니 우리의 밥상 철학은 곧 자연에 따르면서 거스름이 없다는 것을 알게 되었다. 우주의 흐름에 따라 한 줄기로 연결되는 것이다. 나는 다도도 이와 같아야 한다는 것을 깨달았다.

사실 찻상차림도 이러한 밥상차림과 다를 바가 없다. 찻상의 가운데에 간장 대신 차 단지를 놓고, 차의 성품과 같은 생활을 하자는 데 뜻이 있으며 그 찻상차림이 차려진 뜻을 실행하는 것이 바로 다도인 것이다.

다도를 우리의 밥상 철학에 연결해 새롭게 정립을 했다. 그것이 바로 새등이 다도이다.

도의 의미를 깨달을 때까지

 새등이 다도를 정립하면서 먼저 도라는 것에 대해 탐구했다. 흔히 다도는 다구를 갖추고 그 순서를 지켜서 천천히 그 맛을 음미하며 차를 마시는 예법쯤으로 여긴다. 그것은 다례이지 다도는 아니다. 우리나라에서는 예부터 다례가 발달했지만 다도라는 말은 사용하지 않았다. 다도는 일본 사람들이 붙인 말로, 다도라고는 하지만 일본의 다도 역시 단지 룰에 따라 차례를 지켜 행하는 다례일 뿐이었다.
 도라는 것은 무엇인가? 공자는 아침에 도를 얻으면 저녁에 죽어도 좋다고 했다. 그런데 다도가 단지 다례의 차원에서 머무는 것을 보고 답답함을 느꼈다.
 우리는 흔히 도라는 말을 많이 쓴다. 도리(道理), 도덕(道德), 도의(道義) 등 생활 속에서 도는 여러 가지 의미로 쓰이지만, 우리는 진정한 도의 의미를 얼마나 알고 있는가.
 어떤 사람은, 도는 사람의 생각에 따라 다른 것이 아니냐고 반문

하기도 한다. 하지만 생각에 따라 달라지는 것은 이미 도가 아니다. 논란의 여지가 있는 것은 도가 아니다. 도는 우주의 원리를 따르는 것이다. 우주의 원리는 변하지 않는다. 도를 행한다고 하고 그 행함에 후유증이 생기면 그것은 이미 도가 아닌 것이다.

 도리(道理)는 우주의 원리에서부터 비롯되어 지구상에 생명체가 소생되는 뜻을 말한다. 우리가 생활을 함에 있어 그것이 마땅함으로 지키는 것이 바로 도인 것이다.

 우주 원리에서부터 비롯된 생명체가 소생하여 생사일로의 귀방부(歸房符)까지 한 줄기로 이어지는 것이 '도(道)'인데, 거기에서 거듭되는 일이 없는 것이 곧 다도이다.

 말하자면 다도를 실행하는 것은 우주의 원리에서부터 비롯된 하나의 생명체가 소생하고 늙고 병들어 지수화풍으로 사라지는 과정이 하나의 줄기로 쭉 이어지는 과정과 같다.

 간단히 설명하면 이렇다. 우주는 하나의 큰 원두리(圓頭理)이다. 이때 우주에는 오직 무형의 원리만 있을 뿐 아무것도 존재하지 않는다. 우주에서는 언제나 자연 회전 운동이 일어나고 있는데, 이 회전 운동에 의해 무형의 우주 원리에서 응어리가 생겨난다. 응어리는 변회변화(變回變化)를 겪으며 태극의 세계로 이어지는데, 이때는 무형에서 유형의 세계가 되는 것이다. 변회변화라는 것은 우주의 가장 빠른 자연 회전이 한 바퀴를 돌아서 변화를 이루고 다시 새로운 회전이 일어나 바뀌면서 이어지는 것을 말한다.

 태극 세계는 우주 원두리부터 시작된 원리가 이치를 이루고, 이치가 등어리(等御理, 이치가 뭉쳐져 유형의 형국을 이룬 것)가 되고, 그것이 공(空)회전으로 하여 강한 불덩어리를 이루는데, 여기서 발화성을 일으켜 별의 세계로 이어진다. 별의 세계 중에서도 태양,

달, 지구의 삼성 세계로 이어져, 태양은 바람을 낳고, 달은 음기를 채우고, 지구는 상승증기를 내리기로 하여 지수화풍의 사대요소가 만들어진다. 이 사대요소에서 마사황토가 만들어진다.

마사황토에서 지기(地氣), 수기(水氣), 화기(火氣) 세 기운이 합치하여 생명체가 발생하는 것이다. 생명체는 진기(眞氣)와 역기(逆氣)로 변회변화를 일으켜 생사일로의 귀방부까지 이른다. 진기는 생(生)의 기이고, 역기는 노(老)의 기 또는 사(死)의 기이다. 귀방부라는 것은 죽으면 사대요소인 지수화풍으로 흩어져서 우주 원리에 되돌아감을 뜻한 것이다. 이처럼 무형의 우주 원리가 생사일로의 귀방부에 이르기까지 하나로 연결되는 뜻이 바로 도리이고 그것을 생활 세계에서 지키는 것이 마땅하므로 이를 일러 '도'라고 한다.

그러므로 다도에서 도는 우주 원리의 흐름을 뜻하는 것이요, 차는 기(氣)·향(香)·미(味) 삼대 요소가 어느 하나에 치우치지 않는데, 이는 바로 중용의 도이다. 그러므로 우주의 흐름을 따르는 것에 차의 중용을 합친 것이 다도이다.

도리로 이어지는 흐름이 실오라기 같은 이음으로 이어져야 하는 것이 바로 다도의 실행도이다. 이것을 법도라 한다. 이러한 이음은 거듭되는 일이 없으며, 이음의 방법으로 이끌어 차의 맛을 내게 하는 실행도에서 진미를 내게 되는 것이 바른 다도이다.

아무리 다도를 모르는 사람이라 해도 이 실행의 법을 지켜나가다 보면 진미를 내는 다도를 알 수 있다.

다도를 실행하다 보면 생활에서 옳고 그름의 분별심이 생기게 된다. 다도의 진행은 우주의 원리처럼 한 줄기로 가야 하는데, 그렇지 않으면 진행이 되지 않는다. 그러면 곧 반성을 통해서 잘못된 점을 깨닫고 정서를 찾아갈 수 있는 것이 다도이다. 이것을 깨닫는 것이 다도의 실행도인 것이다.

우리 인간 생활의 모든 일은 다도처럼 우주 원리가 하나의 이음으로 연결되는데 거스름이 없이 행해야 한다. 우리가 흔히 순리를 따른다는 것이 그 뜻이다.

하지만 인간이 삶을 살아가다 보면 반드시 순리에 따라 행할 수 없다. 그것은 바로 욕심 때문이다. 욕심은 역기, 즉 늙고 병들게 하는 기운을 불러오게 되고 마침내 죽음에 이르게 되는 것이다.

새등이 다도의 정립

 도의 의미를 깨닫고 나자 새등이 다도를 밥상차림과 연결하고, 그것을 정립해 세상에 공개해야겠다는 생각이 들었다. 다도의 의미를 깨닫고 그것을 행한다면 우리의 삶이 혼란과 혼돈 속에 빠지지 않을 것이기 때문이었다.
 혹 어떤 사람은 이러한 의문을 던질 수 있을 것이다. 우리의 밥상차림에 찻상차림을 연결했다면 밥상의 철학과 다도가 다른 것은 무엇인가?
 이는 밥과 차의 차이에 있다. 밥은 지나치게 먹으면 반드시 문제가 생기지만 차는 아무리 마셔도 몸에 해롭지 않다. 때문에 차를 마시는 것은 밥을 먹는 것과는 달리 도의 경지에 이를 수 있는 것이다.
 앞서 이야기했지만, 다도는 차를 이루는 데 있어 기(氣)·향(香)·미(味) 어느 한쪽에 치우치지 않아야 한다. 곧 차는 아무리 마셔도 건강에 치우침이 없고, 차향은 아무리 마셔도 싫증이 나지 않고, 마시면 마실수록 입에 와 닿는 깊은 진미를 갖게 되어야 한다는 것을 의미한다. 이로 인해 모든 먹을거리의 진미를 분별할 수 있는 지감력을 갖게 된다.

차를 다룰 때는 정해 놓은 방법에 따라야 한다. 즉, 실행도에 따라야 하는 것이다. 실행도란 다도를 진행하는 데 있어 지켜야 하는 일정한 룰이다. 그 룰은 바로 우주 원리의 흐름을 축소시킨 것으로, 이 룰에 따라 차를 다루면 기·향·미에 치우치지 않는 진미를 내게 되는 것이다.

새등이 다도의 핵심은 우주 원리가 한 줄기로 이어지면서 흐르는 것을 밥상철학과 연결해 놓은 것이다. 다도의 실행 순서와 다도가 어떻게 우주 원리의 흐름과 연결되는지 살펴보자.

다도를 실행함에 있어 우선 기본적으로 갖추어야 할 것이 있는데, 그것은 바로 차실과 화로, 물솥, 삼바리이다. 차를 마시는 곳을 다도실행실(茶道實行室)이라고 하는데, 다도실행실은 하나의 우주 공간이다. 우주 공간을 하나의 원으로 본다면 원의 4분의 1에 해당하는 공간을 다도실행실로 정한다. 우주 공간은 우주의 원리가 내포되어 있듯이 다도실행실도 마찬가지이다. 다도실행실에 다구(茶具)가 놓이고 사람이 앉는 데는 다 제 위치가 있고 각각의 뜻이 담겨 있다.

화로는 원의 핵심에서 40센티미터 떨어진 곳 바깥에 놓고, 화로 앞쪽에 찻상이 놓이며 그 앞에 팽주(차를 대접하는 사람)가 자리하고 손님은 찻상을 오른쪽으로 마주 앉는다. 이때, 화롯불은 태양을 상징하고, 화로의 재는 지구의 흙을 상징한다. 그리고 화로 위에 얹어 놓은 물솥은 우주 원리의 사대 요소 중 물을 상징한다. 화로를 원의 핵심에서 40센티미터 정도 떨어진 곳에 배치하는 것은 생성활(生性活)의 이치로서, 회전의 핵심은 회전이 되지 않고 핵심을 약간 벗어난 곳에서는 회전이 이루어지는 것과 같다. 곧 핵심을 벗어난 곳이 곧 활성화(活性化)를 일으키는 곳이라는 것을 뜻한다.

이렇게 기본적 바탕을 갖추고 나면, 다도를 실행하게 된다. 원래 차를 마시려면 편지로써 손님을 초청하고 날짜를 정한 다음 차를 낸다. 그렇게 해서 손님이 초대되어 오면 그때 다도를 실행하게 된다.

찻물을 담는 물단지는 두 손으로 들되 입김이 물단지에 닿지 않고 공간의 위치를 잘 볼 수 있도록 들어 화로 오른쪽 옆에 조용히 놓는다. 이때 물단지는 화로와 적당한 거리에 있어야 한다. 그것은 물단지 뚜껑을 벗겨 옆에 세울 때 쓸 수 있게 하기 위함이다. 물단지는 생활필수품을 상징하며, 일상생활에 있어 활용되는 용수(用水)를 뜻한다.

물단지는 화로의 물이 너무 뜨겁거나 차가워지는 것을 방지하기 위해 필요하다. 물이 너무 끓어 뜨거우면 더 떠 넣어 주어야 하는데, 이를테면 물 조절, 불 조절, 간 조절의 역할을 한다. 그러므로 물을 너무 많이 부어서도 안 되고, 적게 부어서도 안 되는 것이다. 즉, 우리가 일상생활에서 필요한 생활필수품을 쓸 때는 분수에 맞게 써야 한다는 것이다. 이처럼 다도는 일거일동이 생활과 연결되어 옳고 그름의 판단이 정립되어야 한다.

차를 마실 때는 반드시 과자를 함께 내는데, 과자 그릇은 인간 생활에서 모든 음식물을 대표한다고 할 수 있다.

찻상을 차리기 전에는 먼저 부엌에서 차를 마셔 본 다음 손님에게 차를 내는 것이 원칙이다. 이는 차의 맛을 알아야 물 조절, 불 조절을 할 수 있기 때문이다. 차통은 찻상의 중심에다 놓는데, 이는 우리의 밥상차림에 있어 간장 종지에 해당되기 때문이다. 간장은 중용의 이치를 가진 음식물로 차 역시 간장과 같은 철학이 있다는 것을 의미하기도 한다.

그 차통의 오른쪽으로 차관을 놓고, 왼쪽으로는 차종을 나열한다. 이것을 생활에다 연결하면 차종은 인간을 비유한 것이다. 차관의 앞쪽에는 차술과 행주가 놓인다. 차술은 생명에 기를 일으키는 기운을 운반하는 도구이며, 행주는 후유증을 막아주는 역할을 한다. 차를 대접할 때 찻잔을 받쳐 주는 것은 남을 공경하는 예의를 뜻하며, 여기에 팽주와 손님의 예절을 나타낸다.

물식힘 사발은 음식의 맛을 낼 때 간을 조절하는 역할을 하는 그릇이다. 차는 다섯 가지 맛을 낸다. 단맛, 쓴맛, 짠맛, 신맛, 떫은맛 등의 다섯 가지 맛은 물의 온도를 잘 조절해야 그 진미를 맛볼 수 있다. 다섯 가지 맛 중에 떫은맛, 짠맛은 방지하고 단맛, 쓴맛, 신맛은 합치가 되어 중화를 이루게 하여야 한다. 이는 곧 우주 원리와 같은 진미로, 그 맛은 부드러움이 입에 맴도는 듯해야 제격이다.

물버림 사발은 생활 속에서 버리는 쓰레기와 같은 것이다. 이것은 추한 것을 상징하기 때문에 사람 앞에 보이지 않게 하여야 한다. 물버림 사발은 왼손에 사발을 들고 그 안에 솥뚜껑 받침을 넣고, 국자는 새끼손가락에 끼워 들고 찻상 앞에 다가가 앉을자리를 확보하고 난 다음, 앉으면서 살포시 물버림 사발을 방바닥에 내려 놓는다. 그러면서 새끼손가락에 끼고 온 국자를 그대로 왼손에 들고, 오른손으로는 물버림 사발 속에 담아온 뚜껑 받침대를 화로 왼쪽에다 놓는다. 그 다음에 쥐고 있던 국자를 그 위에 놓는다.

이로써 차상을 차려 다구를 운반하는 일은 마무리된다. 다구 운반이 끝나면 다도를 실행한다. 이때 차를 이루는 사람과 손님은 예를 다하여 차를 대접한다. 차를 대접할 때는 반드시 룰을 따라야 한다. 룰이라는 것이 바로 우주의 원리에 따르는 흐름인 것이다. 흐름은 실오라기처럼 한 줄기로 연결되듯이 이어져야 한다. 때문에 다도를 실행할 때 같은 행위가 두 번 이루어지거나, 뛰어넘지 못하게 되어 있다. 이는 우리의 삶이 거듭될 수 없거나, 한 부분을 뛰어넘어 살 수 없는 것과 같은 이치이다.

다구가 그 각각의 의미를 갖고 있다는 것은 우리 자연과 생활 세계의 모든 존재들이 그 나름의 의미를 가지고 있다는 것과 같다. 사람은 사람으로서, 나무는 나무로서, 돌은 돌로서, 물은 물로서 각각 존재의 의미가 있는 것이다. 의미라는 것은 곧 우주 원리를 내포하고 있다는 뜻이다. 사람과 사물은 모두 우주 원리에 의해 생겨나고 사라지지만, 그 각각은 모두 있어야 할 자리가 따로 있고, 쓰임새가 다르다. 따라서 모든 사람과 사물이 제자리를 지키고 사는 것은 바로 우주의 원리, 곧 순리에 따른다고 할 수 있다.

다도에 있어 다구를 갖추고 다구를 제자리에 놓는 것은 모두 이러한 뜻에 따르는 것이다. 또한 차를 이루는 데는 모두 자연의 순리에 따라야 한다. 이것이 바로 다도인 것이다.

때문에 다도를 실행하면 지구상의 인간 생활이 그 마땅함을 느끼게 하는 방법을 알게 한다. 쉽게 말하면, 순리에 어긋나는 일을 하게 되면 그 일에는 반드시 후유증이 있고, 순리에 따르면 문제가 없으므로, 우리가 생활을 함에 있어 어떤 일의 결과를 가지고 그 일이 순리를 따랐는지, 역행을 했는지 알 수 있다는 것이다. 따라서 모든 일이 마땅한지 아닌지 깨달을 수 있는 것이다. 이것이 바로 다도를 실행함으로써 우리가 얻을 수 있는 바이고, 마찬가지로 이러한 결과를 얻게 하기 위한 노력이 바로 다도인 것이다. 또한 차의 진미를 갖게 하는 데 중용을 활용하여 재배(栽培) 제다(製茶)에 따른 진미를 내어 도에 올라가게 하는 인간의 솜씨에서 얻어내는 철학을 다도라 한다. 이처럼 우주 원리의 흐름을 따라 이어짐을 확실한 사실을 연결하여 정립해서 만들어 놓은 것이 새등이 다도이다. 나는 새등이 다도의 철학을 정립해 1993년 『회전이치다도』라는 책을 펴냈다.

한국차인회와 나

새등이 다도를 정립한 뒤 우선 다도를 널리 보급해야겠다고 결심했다. 오늘날 세상이 질서가 없고 어지러운 것도 도가 없기 때문이라고 여긴 나는 다도의 실행에서 그 해결책을 찾을 수 있다고 생각했다.

다도 교육은 사람에게 우주의 원리를 일깨워 주는 역할을 한다. 유치원생에게 차 도구를 드는 방법을 가르치고, 초등학교에서는 차를 마시는 방법을 알려 주고, 중학교에서는 차를 이루는 방법을 가르치고, 고등학교는 찻상차림을 알려 주고, 대학에서는 다도 교육을 육성시키는 일이 실행된다면 이 나라는 세계를 이끌고 갈 수 있는 힘이 생길 것이다.

뜻 깊은 다도 철학을 인식하게 되면 사람은 삼사고(三思考)를 하게 된다. 즉 삼사고는 과거에 겪은 것을 거울삼고, 현재 입장을 고려해서 미래에 다가올 것을 예측하는 것이니, 이 세 가지의 생각을 합친 것이다. 다도를 실행하면 이러한 사고를 갖게 되므로 삶의 마땅함을 깨닫게 된다. 인간은 더불어 살아야 하는 것이 원리 원칙이고, 이것도 치우치지 않는 실행이 되어야 마땅함을 알게 되는 것이다.

일본이 지금 세계적으로 강대국이 된 것은 바로 다도가 바탕이 된 데 있었다고 생각한다. 그러나 머지않아 일본도 쇠락할 것이라고 보는데, 이는 지금의 일본인들은 다도를 하지 않기 때문이다. 그러므로 우리나라에 다도를 보급해 우리 민족이 세계로 발돋움하는 데 정신적인 밑바탕을 갖추어야 한다는 생각을 하게 되었다.

이처럼 다도 보급의 필요성을 깊이 인식하고 박동선 씨를 만났다. 박동선 씨는 신라문화동인회에서 함께 활동하던 박비호 씨를 통해 알게 된 사이였다. 그는 당시 우리나라에 슈퍼마켓 체인을 도입해 활발히 사업을 하던 사람이었다. 나중에 미국 내 로비 활동을 했다는 의혹 때문에 곤욕을 치르기도 했다.

한번은 박동선 씨가 우리 집을 방문했다. 골동품 도자기에 차를 대접했는데, 그때 그가 차에 대해 관심을 가지고 있다는 사실을 기억해 내고 그를 만난 것이다.

"박 선생, 우리나라는 아주 오래 전부터 차 문화가 발달해 왔는데, 오늘날에 와서는 그 맥이 끊어졌습니다. 내가 일본에 가서 다도를 배웠는데, 그것이 거의 우리나라에 뿌리를 두고 있더군요. 우리나라는 예부터 동방예의지국이었는데, 지금은 예가 없어졌어요. 예를 되찾기 위해서는 다도를 해야 합니다. 함께 다도회를 설립해 다도를 보급하고 일상생활 속에서 사람들이 다도를 행함으로써 생활의 질서를 바로잡아가게 하는 것이 어떨까요?"

이야기를 가만히 듣고 있던 박동선 씨는 무언가를 생각하더니 아무 말이 없었다.

한국차인회 송년 모임에서 박동선 씨와 함께. 왼쪽부터 딸 영자, 박동선 씨, 차인회 총무, 나.

그 일이 있고 몇 달 뒤, 박동선 씨가 전라도의 차밭을 사들였다는 소식을 듣게 되었다.

그리고 1979년 1월 20일, 한국차인회가 발족되었다는 소식을 접하게 되었다. 박동선 씨는 고문직을 맡았고, 회장에는 이덕봉 씨, 부회장에는 삼룡시멘트 회장 부인인 김미희 씨, 박종환 씨가 선정되었다. 박동선 씨는 나에게 경주 지회장을 맡으라고 하면서 차인회 일을 의논했다. 차인회를 설립했으나, 다도에 대해 아는 사람이 아무도 없었기 때문이다.

1980년 한국차인회 주최의 '한국 차문화 연구 발표회'가 정신문화연구원에서 있었다. 거기서 나는 실행도의 대표로 우리의 밥상 철학과 연결시킨 새등이 다도를 발표하였다.

1982년에는 새로 선출된 송지영 회장으로부터 지도위원으로 위촉되기도 하였다.

한편 다도 보급을 위해 강연을 하기도 했는데, 음료 사업을 막 시작해 녹차를 대중적으로 보급하기 위해 사업을 확대한 한 대기업에서는 나에게 다도를 배우러 직원 연수를 보냈다. 그러나 그들은 단지 형식만 배우려고 해 난 더 이상 가르치지 않았다. 또 한번은 경주 기림사 무착 스님의 부탁으로 교사들을 대상으로 다도 강연을 하게 되었는데, 그들은 차가 무엇인지조차 모르고 있어 내가 일일이 차를 들고 다니며 보여 주니까, 한쪽에서 나를 보고 약장수라고 수군대기도 하였다. 그만큼 다도에 대한 인식이 없을 때였다.

그러나 한국차인회는 오래 가지 않아 사분오열(四分五裂)의 기미가 보이기 시작했다. 사람들은 진정한 다도의 철학을 추구하지 않고 서로 자신의 명예만 추구하려고 한 것이다. 그러다 보니 차인회라는 이름의 단체가 우후죽순처럼 생겨났다.

어디서 차 한 잔 마셔 본 사람은 모두 다도인이 되었고, 각자 자신의 이름을 붙여 무슨무슨 다인회, 차인회라고 부르면서 혼돈과 착각 속에서 자신의 사상을 정립해 버리는 것이었다.

한국차인회는 점점 그 본질을 잃어가고 있었다. 애초 내가 다도를 보급하고자 한 목적은 어디 가고 엉뚱하게 명예에 사로잡혀 있었다. 점점 한국차인회에 대해 회의를 느끼기 시작했다. 손가락으로 달을 가리키면 달을 보지 않고 전부 손가락 끝만 본다는 말이 있는데, 차인회가 그 모양이었으니 정말 문제가 아닐 수 없었다.

더욱이 내가 분개한 것은 사람들이 새등이 다도를 일본의 다도라고 매도하는 것이었다. 새등이 다도는 원래 우리의 문화인 다도를 일본에서 가져왔고, 그것을 철저하게 우리의 밥상 철학과 연결한 것으로서, 그것은 일본의 다도와는 전혀 달랐다.

하지만 사람들은 내력은 알지 못한 채 일방적으로 매도하는 데 급급했다.

이상한 저녁 초대

한국차인회가 맥을 잡지 못하고 갈팡질팡하는 인상이 들자 나는 그것을 수습해 보고자 했다. 개인이 각자 무슨무슨 다도라고 하기보다는 '한국 다도'라고 하여 통일된 룰을 정립하기를 바랐다.

그러던 어느 날, 차인회 간부 일을 맡고 있는 K씨가 나와 차인회 고문이던 박태영 씨, 그리고 당시 경주 기림사 주지인 무착 스님을 초대했다.

그 자리에서 K씨에게 말을 꺼냈다.

"지금 다인회가 통일되지 못하고 여러 다도가 우후죽순처럼 생기고 있어요. 이를 통일해 '한국다도'라고 정립을 하는 게 어떻는교?"

당시 K씨는 M다도라는 것을 나름대로 정립했던 터였고, 우리를 저녁식사에 초대한 것은 자신의 다도를 인정받고 싶어서였다.

"나는 새등이 다도라는 이름을 버릴 테니 당신도 M다도를 버리고 한국 다도로 하는 게 우리나라의 다도 문화를 위해 바람직하다는 생각이니더."

"나는 우리 다도의 이름은 절대 버리지 못합니다."

나는 K씨가 너무나 단호하게 말을 하는 데 놀랐다.

"그래요? 그럼 당신네 다도를 어디 한번 봅시다. 만일 그것이 도(道)에 마땅하면 그 이름을 넣어도 괜찮겠지요. 또 그렇다면 나도 따르겠어요."

그러나 K씨는 자기의 다도를 보여 주지 않으면서 끝내 이름은 버리지 못하겠다고 고집했다.

"나는 그렇다면 이 저녁 식사를 할 필요가 없겠네예. 그만 가겠습니더. 그리고 다도를 공개하세요. 반드시 평론이 일어날 것이오."

그날 저녁은 K씨가 자신의 다도를 인정받기 위한 자리였지만 나는 그런 자리에서 들러리 노릇을 하기는 싫었다. 음식을 입에 대지도 않고 그 길로 나와 버렸다.

한국차인회 설립 이후 두 번째의 발표회가 있었다. 이때는 이미 차인연합회라는 이름 아래 여기저기 다인회가 우후죽순처럼 나타나 서로 다도라고 하는 게 제 눈에 안경 격이었다.

나는 박동선 씨에게, "이는 다도라고 하면 틀립니다. 다례라고 하시오."라고 이르면서 한국 다도를 정립할 필요가 있다고 했지만, 이미 다도는 중구난방이 되어 있었다. 난맥상을 정리하지 않고는 새등이 다도를 발표할 수 없었다. 단지 뒤에 물러서서 차인회 총무와 함께 다도의 정립을 주장했다.

마지막에 강연을 하게 되었다. 나는 자리를 잡지 못하고 갈팡질팡 옥신각신하는 차인회의 모습을 빗대어 짤막하게 한마디 던졌다.

"물은 물이 흐르는 자리가 있고, 사람의 삶은 가는 길이 있습니다. 하지만 길을 알고 가는 것과 모르고 가는 것에는 차이가 있습니다. 알고 가는 길에는 화합이 있을 것이고 모르고 가는 길에는 불평이 있을 것입니다. 후유증이 있는 것은 다도가 아닙니다. 착각이 있는 것도 다도가 아닙니다. 나는 이 한마디로 오늘 발표를 대신하겠습니다."

그러자 사람들은 웅성대기 시작했다. 어떤 사람들은 다소 의아한 표정이었다. 물론 앞뒤 설명없이 이루어진 것이라 놀라기도 했을 것이다. 하지만 다도를 바로 정립하자는 뜻이기 때문에 아는 사람은 알 것이라는 생각이 들어 개의치 않았다. 그 후로 사람들은 나를 보고 '후유증'이니 '착각'이라고 별명을 부르기도 했다.

그 모든 것이 본질을 보지 못하고 현상에 집착하는 데서 나오는 일이었다. 이후 차인회는 점점 그 난맥상을 더해 갔다.

그러다 보니 잡다(雜茶)가 성행하게 된 것이다. 여기서 잡다라고 하는 것은 다도의 본질적인 의미를 꺾어 둔 채 형식에만 얽매이는 것을 두고 이른다. 도의 의미를 모르고는 다도를 논할 수 없는 것이다. 값비싼 다구 세트를 갖추고, 향과 맛을 음미하는 것이 마치 다도의 전부인 양 착각을 하고 있는 경우도 종종 있다. 하지만 형식은 본래 의미를 다 알고 나면 무의미한 것이다. 다도에 있어 룰을 지키는 것은 그 룰을 지킴으로써 차의 중용을 배우고 우주의 원리를 깨닫는 것이 본질적인 것이지, 그것을 모를 때는 형식이라는 것은 아무 의미가 없는 일이다.

좋은 예로 얼마 전, 이 책에 쓰기 위한 사진을 찍기 위해 사진작가가 왔는데, 그가 사진을 찍기 위해 다구를 세팅해 달라고 했다. 세팅이라는 것은 말 자체도 우리말이 아닐뿐더러, 그것은 의미가 없는 일이라고 거부했다. 아마 그는 시중에서 파는 다구 세트를 생각했던 모양이다. 시중에서 파는 다구 세트는 네다섯 개의 찻잔이 똑같은 모양으로 이루어져 있다. 이것도 참으로 모순이라고 생각한다. 다도에 있어 찻잔은 사람을 뜻한다. 사람마다 다 개성이 있고 다 다른데, 찻잔이 반드시 같아야 한다는 것은 참으로 모순이다. 세트라는 말속에는 같은 것끼리 무리를 지어 놓는다는 의미가 있다. 그것은 곧 사람의 개성을 인정하지 않는다는 뜻도 있다. 사람마다 개성이 다 다르듯이 반드시 찻잔의 모양새가 다 같을 필요는 없다는 이야기다.

원래 도를 알기까지는 형식이 필요하지만 그것을 알고 나면 형식으로부터 자유로워질 수 있는 것이다. 다구 세트를 갖추는 것도 이와 같은 맥락에서 해석할 수 있다. 이것이 바로 자연을 모르는 것이다. 다도를 알게 되면 세트를 갖춰야 한다는 관념으로부터 자유로워질 수 있는 것이다. 그것을 모르고 행할 때는 잡다와 다름아닌 것이다.

아무튼 차인회가 점점 난맥상을 보이기 시작하면서, 나는 점점 차인회 일보다는 정호다완 빚기에 몰두하게 되었다.

미치광이 소리를 들으며

　새등이 다도를 정립함과 동시에 새등이요에서 정호다완 재현에 몰두했다. 도쿄 박물관에서 우연히 보게 된 조선조 막사발은 내 영혼을 사로잡은 상태였다. 더욱이 다도를 정립했지만 어째서 정호다완, 즉 조선조 막사발이 그토록 일본인들에게 중요한 가치가 있는지를 아직 깨닫지 못한 상태였다.
　그 의미를 깨달으려면 그것을 직접 빚어 보는 수밖에 없었다. 누구의 도움도 받지 않고 오로지 혼자 사발 빚기에 몰두했다. 사발을 빚는 작업은 치열하고 처절한 노력의 연속이었다. 모든 것이 나에게 처음이었다. 태토(胎土)를 만드는 것도, 성형(成形)을 하는 것도, 잿물을 만드는 것도, 가마에 불을 지피는 것도, 모든 것이 처음이었다.
　온전히 전통 가마로 재현을 하여야만 정호다완의 숨은 뜻을 알아낼 수 있었지만, 이미 전통이라는 것이 무너진 시대에 누구에게도 배울 수 없었다. 아니 배울 것이 없었다고 해도 틀린 말이 아니다.

 그릇에 있어 중요한 것은 바로 태토이다. 태토는 그릇에 따라 그 성질을 달리한다. 예를 들어 분청사기냐 청자냐에 따라 흙의 배합이 달라지는 것은 당연한 일이다. 정호다완은 표면이 거친 사발이기 때문에 태극 세계로부터 시작되어 흙이 되기까지의 과정을 나타내는 사토질이 많이 들어간 그릇이었다.
 우선 태토, 흙을 아는 것이 그릇을 성형하는 데 첫 번째 관건이었다. 그때부터 흙 연구에 몰입했다.
 밥 먹는 시간, 세수하는 시간도 아까워하면서 흙을 만지고, 빚어 보기도 하면서 흙을 연구했다. 그러다 보니 정말 웃지 못할 일도 겪었다.
 그날도 온종일 흙을 만지고 나니 설날을 바로 며칠 앞두고 있었다. 비록 혼자 몸이지만 차례는 지내야겠다는 생각에 장을 보러 갔다. 물론 흙을 만지던 차림 그대로였다. 머리는 자를 시간이 없어 기를 대로 길러 헝클어진 채로 꿍쳐 비녀 대신 볼펜을 꽂고, 흙투성이 옷에다 털신까지 신었으니 사람들은 나를 보고 미친 사람 취급을 했다.
 그런 사람들의 시선에 개의치 않고, 마침 푸줏간이 보이길래 고기라도 사야겠다고 생각하여 그곳에 들어갔다. 혼자 몸에 많은 고기가 필요없어 반 근만 달라고 했다. 푸줏간 주인은 온통 인상을 쓰면서 반 근을 신문지에 아무렇게나 싸더니 기분 나쁘다는 듯 툭 던져 주었다. 아마도 내 행색을 보고 거지로 알았던 모양이었다. 거지 취급을 받는 것이 당연하다고 생각했다.
 그래서 아무런 대꾸도 하지 않고 돈만 주고 나왔다. 설 대목에 고기를 반 근밖에 팔아 주지 못한 것이 오히려 미안한 마음이 들어서 빨리 나오려고 하는데 그가 내 등 뒤에 대고 소리쳤다.
"빨리 나가!"
푸줏간 주인의 짜증스런 목소리를 뒤로 하고 황급히 걸어 나오는데, 뒤에서 사람들이 수군거렸다.
"저 미치광이 좀 보소. 에이 재수 없게……."
이런 일을 겪은 것이 한두 번이 아니다. 한번은 어디를 급히 갈 일이 있어 택시를 탔다. 그날도 마찬가지로 흙투성이인 채였다. 택시 운전수가 나를 보더니 대뜸 신문지를 깔고 앉으라고 했다. 그리고는 비아냥거리는 말투로 말을 걸었다.
"당신 뭐 하는 사람이오? 미장이오?"
나는 조금도 머뭇거리지 않고 대거리를 했다.
"네. 미장하다가 왔습니다."
그랬더니 택시 운전수는 기가 막힌다는 표정으로 룸미러로 나를 힐끗 쳐다보더니, "여자도 미장이를 해요?" 했다.
또 한번은 경주 시내에 있는 모두 양장점에 가게 되었다. 그 양장점 주인은 내가 다도를 가르친 다도 제자였다. 가게 안으로 들어서자 점원이 얼른 고개를 돌리며 돈 100원을 주려고 했다. 그 순간 안에 있던 주인이 나오며 나를 보고는 "회장님이 어떻게 여길 오셨습니까?" 하고 인사를 했다. 그러자 점원이 겸연쩍게 웃으며 말했다.
"난 거지인 줄 알고 돈 100원 주어서 보내려고 했심더."
이렇듯 내가 거지 행색을 하고 다니면서 미치광이 소리를 들은 것은 모두 정호다완에 온 정열을 쏟은 데 대한 훈장 아닌 훈장이었다.

성형은 공심공력에 의한 것

　황토의 성질을 알고 흙의 배합을 아는 것만큼 중요한 것은 성형이다. 성형은 기술이기 때문에 기술을 연마하는 일은 시간을 필요로 한다. 시간은 귀중한 것이다. 인간의 삶은 시간에 의해 지배를 받는다. 특히 나는 일분일초가 아까운 사람이었다. 남보다 늦게 시작했으니 그만큼 노력하지 않으면 안 되었다.
　성형은 손과 마음, 기술이 삼합일체(三合一體)가 되어야 한다. 그러나 마음과 손은 저만큼 앞서가는데, 기술이 따라주지 않았다. 그러다 보니 토봉조차 제대로 올릴 수 없었다. 성형의 가장 기본은 바로 토봉을 제대로 세우는 것이다. 물레 위에다 태토를 올려놓고 물레의 회전에 의해 토봉을 올리는데, 이것이 물레의 중심에서 조금이라도 벗어나면 토봉은 중심을 잡지 못한다.
　처음 내가 성형을 할 때는 손이 물레가 회전하는 방향으로 끌려가 토봉이 세워지지 않았다. 물레가 회전한다는 사실을 의식하지 않고 손가락에 일정한 힘을 주면서 위로 끌어올리면 중심이 잡힌다는 것을 몰랐기 때문에 손은 계속 회전 방향을 따라갔다.
　이런 경험을 수차례 하고 나서야 손은 제자리를 지킬 수 있게 되었다. 그러자 곧 토봉은 중심을 잡아갔다. 토봉이 중심을 잡고 나서 그릇의 모양을 이루는 일도 마찬가지 과정을 되풀이했다. 토봉의 중앙에 두 엄지손가락을 대고, 나머지 손가락으로 토봉을 감싸면 물레가 도는 힘에 의해 그릇의 모양이 이루어지는데, 이때 양손의 힘은 일정해야 한다. 만약 어느 한 손가락이라도 힘이 더 가게 되면 그릇의 모양은 일그러지고 마는 것이다.
　이 과정에서 회전의 이치를 깨달았다. 회전이 이루어지면 회전의 중심에서는 원심력과 구심력이 서로 다른 방향으로 운동하면서 똑같은 힘의 크기를 갖는다. 그러므로 회전의 중심에 물체를 올려놓으면 그 물체는 아무리 오랜 시간이 흘러도 떨어지지 않는다. 이는 결국 중심은 움직이지 않는 것과 같다는 것을 뜻하기도 한다. 그러나 반대로 중심을 벗어난 곳에다 그릇을 올려놓으면 그릇은 얼마 가지 못해 떨어지고 만다. 이를 나는 회전 이탈(回轉離脫)이라고 한다. 여기에서 회전 중심은 순리행에 비유할 수 있고, 회전 이탈은 역리행에 비유할 수 있다. 우리의 삶도 이와 같은 것이다. 순리를 따르면 문제가 없지만 순리에 역행을 하면 그것은 반드시 후유증을 불러오는 것이다. 회전 중심은 공력(空力)에 의한 것이고, 회전 이탈은 욕력(慾力)에 의한 것이다. 회전 중심적인 삶은 본심본성을 간직하고 사는 것을 말하며, 회전 이탈적인 삶은 온갖 욕심에 사로잡혀 사는 것을 말한다.
　물레를 돌리면서 한 손으로 토봉을 밀고 한 손으로 당기면 회전 상승에 의해 토봉은 중심이 바로 잡힌다. 이때 양손으로 밀고 당기는 것은 음양의 조화를 상징한다.

성형은 무심(無心)의 상태에서 하여야만 토봉을 제대로 올릴 수 있다.

양손의 일정한 힘을 주어 밀고 당기는 것은 모두 마음에 달린 일이다. 오로지 토봉의 중심을 잡는 데 온 마음을 집중해야 한다. 아무 생각 없이 그저 하고 있는 일에만 정신을 모아야 한다.

만일 조금이라도 욕심이 앞서면 으레 모양이 일그러지고 만다. 그야말로 공심공력(空心空力)에 의하지 않으면 안 되는 것이다.

그러나 공심공력의 상태는 쉽사리 경험할 수 없는 것이다. 이는 마음의 회전 중심을 가져야 경험할 수 있다. 회전 중심을 갖게 되면 욕력이 비껴나고, 회전 이탈이 되면 욕력이 스며드는 것이다.

차츰 성형이 손에 익어가기 시작했다. 물레를 돌리는 발과 그릇을 빚는 열 개의 손가락이 함께 움직이면서 토봉의 중심을 잡고 그릇의 모양을 만들어가는 일이 숙련되어 갔다.

회전의 이치를 깨달았지만 실천이 따르는 데는 많은 시간이 필요했다. 진정으로 아는 것은 그것을 터득하고 실천을 할 수 있을 때인 것이다. 그러나 내 마음은 언제나 정호다완을 재현하겠다는 욕심이 앞서서 그런지 그릇의 모양은 쉽사리 잡히지 않았다.

재련에 재련을 거듭하면서 차츰 공심공력의 상태를 터득하게 되었다. 그리고 어느 한순간 섬광처럼 지나가는 깨달음이 왔다. 정호다완을 일본인들이 국보로 정한 이유를 알게 되었다.

사기장의 마음이란

 정호다완, 겉으로 보기에 그토록 보잘것없어 보이는, 그저 함부로 쓰이는 막사발을 일본인들은 무엇 때문에 국보로 정했을까? 막사발에 정호다완이라는 이름을 붙인 뜻은 무엇일까?
 성형의 재련을 거듭하면서 이 의문은 한순간에 풀렸다.
 그것은 자연의 마음이었다. 본심본성을 지키고 사는 자연스런 마음의 상태에서 빚었기 때문에 그릇은 무심한 듯, 욕심이 없고 순수한 모양을 갖출 수 있었던 것이다.
 조선시대의 사기장들을 관장한 곳은 사옹원(司饔院)이다. 그들은 사옹원에서 도자기를 구워 관청이나 왕실의 집기로 납품하였던 것으로 보인다. 그처럼 관에서 쓰는 집기로 납품을 할 때는 무엇인가 보상을 받으려는 심리가 작용하였을 것으로 짐작된다. 말하자면 욕심인 것이다.
 하지만 서민들이 사용하는 막사발을 구울 때는 그야말로 욕심이 없는 상태에서 구웠을 것이다. 사기장들은 더 이상 올라갈 수도 없고, 내려갈 것도 없는 상황에 있는 사람들이기 때문에 욕심이 있을 수 없었다. 단지 먹고살기 위해서 사발을 구웠다. 먹고살기 위해 무엇을 한다는 것은 본심본성이 그대로 나타나게 마련이다.

때문에 그들이 굽는 사발은 무아무심(無我無心)의 상태에서 빚어진 것이다. 그 마음이 고스란히 그릇의 모양에 투영되었던 것이 아닌가 생각되었다.

내가 생각할 때 일본 사람들은 그것에 큰 가치를 두었다. 이는 일본인들의 취향과 딱 맞아떨어졌다. 조선의 막사발이 일본에서 가치를 인정받는 것은 약 4백여 년 전이다. 당시 일본이 지배계급에서는 불완전함에서 완전함을 추구하는 미감(美感)을 가지고 있었다. 이러한 문화 속에서 일본인들은 형태와 문양이 자유롭고, 어디에도 구애받을 것 같지 않은 분방함과 박진감 넘치는 모습을 가진 분청사기에 참으로 높은 가치를 두었다. 따라서 일본인들은 조선의 좋은 찻잔을 갖는 걸 부와 명예의 상징으로 생각하였으며 하나의 성(城)과도 바꿀 수 있는 가치를 부여했고, 마침내 신기(神器)로까지 불렀다.

당시 일본에서는 소박한 차 문화인 와비차가 유행했다.

이런 문화적 풍토 속에서 반듯하지도 않고 매끄럽지도 않은, 겉치레라고는 찾아볼 수 없는 정호다완은 그야말로 인간 원형의 순수함을 그대로 표현했기 때문에 일본에서는 보물로 여겼던 것으로 판단되었다. 무아무심한 사기장의 마음을 그들은 높이 평가했던 것이다.

그들이 왜 이 보잘것없어 보이는 막사발을 그토록 소중한 보물로 여겼는지를 알고 나니, 그렇게 소중한 우리의 가치를 우리가 왜 몰랐던가, 그동안 우리는 너무 눈에 보이는 아름다움에만 가치를 두고, 눈에 보이지 않는 가치들은 너무 소홀하게 생각하지 않았나, 하는 부끄러움이 들었다.

다도만 해도 그렇다. 본래 우리는 차 문화가 상당한 수준에 이른 민족이었으나 외침을 많이 받으면서 오직 먹고사는 게 더 중요한 문제였기 때문에 그 맥이 끊어지고, 해방 이후에는 물질적 성장에 급급해 그처럼 소중한 우리의 문화는 사라졌던 것이다.

무아무심의 상태에서 빚어진 그릇, 정호다완. 그 사실을 터득하고 나자 정호다완(井戶茶碗)이라는 이름의 뜻도 깨닫게 되었다. 정호다완의 정은 우물 정(井)자이다. 우물은 중용의 철학을 지니고 있는 것이다. 우물은 퍼내면 퍼낸 만큼만 고인다. 그 이상 넘치지도 모자라지도 않는 것이다. 이것이 바로 중용인 것이다. 정호다완의 철학이 바로 그것이다.

막사발에 중용의 철학이 담긴 것은 그것을 빚는 사기장의 마음이 바로 그러하기 때문이다. 욕심 없는 사기장의 마음, 명예나 부를 위한 것이 아니라 그저 밥을 먹기 위해 그릇을 빚었던 그 마음이 바로 본심본성인 것이다. 본심본성을 지키는 것이 중용의 철학인 것이다. 그것은 기교가 아닌 기교이고, 터득이 아닌 터득이라고 할 수 있다. 정호다완이 비록 보기에 비틀어지고 일그러졌어도 그 담긴 뜻이 중심, 중용을 지키기 때문에 그 가치가 돋보였던 것이다.

나는 직접 그릇을 빚고 그것을 구워 내면서 다도가 추구하는 것도 바로 이런 정호다완의 철학에 다름아니라는 것을 깨닫게 되었다.

첫 번째 가마

정호다완이 지닌 참뜻을 깨닫고 난 뒤 정호다완 재현에 한층 더 열을 올렸다. 다도의 철학을 깨닫기 위해서는 직접 그릇을 구워 봐야 한다는 것도 새삼 깨달았다. 그것이 바로 일인일심일작의 정신이었다. 나는 일본의 다도가들이 직접 다완을 구워 보지 않았기 때문에 다도의 본래 의미를 모르고 있는 것이라는 생각이 들었다. 다만 생활 속에서 눈으로 볼 수 있는 사실만을 가지고 만들어진 것이 일본의 다도라는 생각이었다. 말하자면 머리가 없는 생물의 모양인 것이다.

그 의미를 터득하고 나니 성형의 기술적인 문제도 어려움이 없이 풀렸다. 홀로 흙을 연구하고, 성형 기술을 익히면서 세월이 흘러갔다. 그러는 동안 나는 한 번만 보아도 그것이 불에 견디는 흙인지 아닌지 분별할 수 있게 되었고, 불심의 강약도 알게 되었고, 성형시 무심사(成形時 無心事)에 대해서도 알게 되었다.

드디어 가마에 불을 때는 때가 왔다. 가맛불은 산화염과 환원염으로 나뉘는데, 청자는 환원염이고 분청사기는 산화염이다. 따라서 정호다완은 산화염이다. 산화염은 가마에 불을 넣고 중간에 가마의 뚜껑을 열어 놓아 공기가 들어가게 하여 산화시키는 방법으로 그 빛깔을 만드는 것이었다. 환원염은 절대로 가마에 틈새가 있으면 안 된다. 불 때는 사이 가마에 공기가 들어가면 그 푸른 비취색을 낼 수 없는 것이다. 고려 시대에 황청자가 누런 빛깔을 띠는 것은 가맛불을 때는 중간에 바람기가 들어갔기 때문이다.

또 그릇의 쓰임새나 모양에 따라 흙의 입자를 미세하게 하거나 굵게 한다. 다완은 굽을 어떻게 깎느냐에 따라 다완의 이름이 달라진다.

잿물은 흔히 말하는 유약이라는 것이다. 유약은 일본에서 건너온 말로 우리 조상들은 잿물이라고 불렀다. 전통적으로 잿물은 소나무나 느릅나무, 떡갈나무, 참나무 등 나무의 재를 가지고 만들었다. 일본에서는 1920년대에 유약이라는 화학약품을 개발해 쓰면서 보급한 것이 우리나라에도 들어와 보편화되었다. 청자처럼 푸른 기운이 도는 그릇은 산화철이 섞인 잿물인 청자유를 사용해 환원염으로 굽고, 정호다완같이 약간 붉은 기운이 도는 그릇은 도석과 장석이 섞인 평유로 쓰는데, 그것으로 산화염의 방식으로 굽는 것이다.

이렇게 그릇에 알맞은 소재를 결정하고 성형을 하여 가마에 넣으면, 전통 가마는 불에 의하여 변화가 많이 일어나는데, 마치 들에 꽃이 피는 것과 같이 색깔에 변화를 보여 준다. 또한 사용할 때 자연의 공기를 접하면서 또 변화를 일으키고, 사용자의 솜씨에 따라 다완의 경치는 더욱더 변화를 일으킨다. 또한 같은 장작 가마라도 불을 때는 시간에 따라 후에 색깔의 변화는 달라진다. 오래 때면 땔수록 깊고 아름다운 변화가 일어나지만 짧은 시간 때면 아름다운 변화는 일어나지 않는다.

 가마에 불을 한번 넣고 나면 날씨나 바람의 여건에 따라 대개 삼일에서 열흘이 걸린다. 그동안에는 꼼짝하지 않고 가마굴을 지키고 앉아 있어야 한다.

 기도하는 심정으로 그동안 성형을 해놓은 그릇들을 차례차례 가마에 넣고 불을 지폈다.

 가마에 불을 넣을 때는 먼저 알아야 할 것이 있다. 불을 때는 것은 우리가 부엌 아궁이에 장작을 넣듯 바로 가마에 불을 지피는 게 아니고 먼저 굴 입구를 충분히 달군 다음 불을 넣어야 한다.

 처음 시작하는 불은 밑불이라고 한다. 가마 입구에 나무를 가로로 놓고 몇 시간 동안 가마를 제대로 달구어야 하는 것이다. 만일 굴 안에 세로로 나무를 넣고 때면 불이 갑자기 세어질 수 있기 때문에 처음에는 나무를 가로로 놓고 불을 때는 것이다. 아직 불에 익숙하지 않은 그릇들에 갑자기 강한 불길이 닿으면 그릇이 그만 깨지고 만다.

 장작을 가로로 놓고 가마 입구가 달구어질 때까지 충분히 때고 나면, 서서히 달구어진 가마굴 안쪽의 열기에 의해 자연스레 불길이 안으로 확 쏠리게 된다. 불기가 강한 쪽으로 쏠리는 것이다. 불기운이 쏠리는 데 따라 굴속의 그을음이 벗겨지는데, 그것으로 화도를 측정할 수 있다.

 그을음이 벗겨지고 나면 불길이 서서히 구멍을 찾아 들어간다. 이때 장작을 바로 넣어 중불을 때게 된다. 장작의 위치를 바꾸고 나면 환원염의 경우 공기가 못 들어가게 화구를 꽉 채워야 하고, 산화염은 재를 삭여 가면서 공기가 들어갈 수 있게 한다.

중불은 가마 안에 잔뜩 나무를 넣고, 맨 마지막 가마에까지 불길이 빨려 들어갈 정도로 장작을 땐다. 그렇게 해서 가마가 열이 올라 마침내는 흙에 불이 붙게 되면, 가마는 온통 벌건 불덩이가 된다. 이렇게 가마의 입구로부터 세 번째 굴까지 불길이 오르면, 맨 앞의 가마는 열이 오를 대로 올라 불꽃이 하얗게 변한다. 붉은 기운이 없어지고 불길은 불빛마저 태워 버린 양 가마 안이 온통 하얗게 되는 것이다.

가맛불은 눈짐작으로 그 온도를 잰다. 온도가 낮은 불은 빨갛고, 온도가 올라가면 파란불이 되었다가 마침내는 하얗게 변하는데, 이때의 온도가 1,250도에서 1,300도에 이르는 것이다.

첫 번째 가마가 열이 오를 대로 오르고 난 뒤, 가마굴에 불을 때는 것은 끝이 난다. 두 번째 가마부터는 창불을 때어 온도를 올린

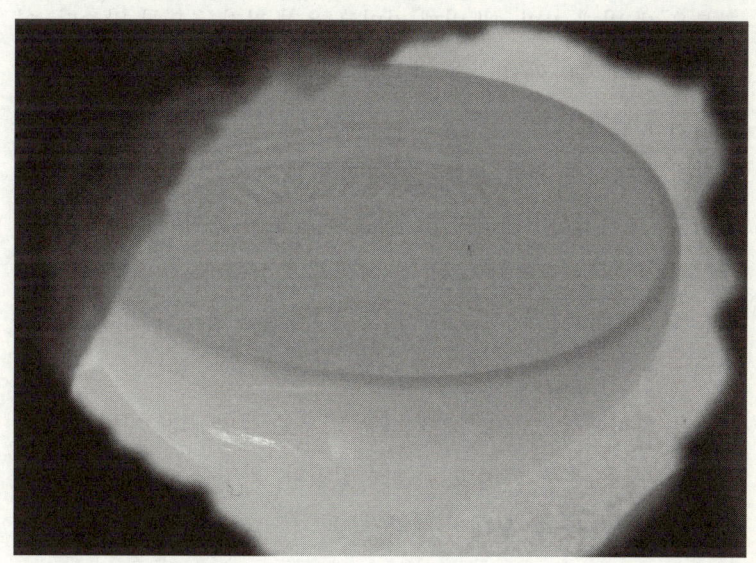

창불로 들여다본 가맛굴 속의 기물들. 불꽃이 하얗게 되면 그릇은 거의 배의 크기로 보인다.

다. 창은 가마의 등 양쪽 가에 난 조그만 구멍이다. 그 구멍으로 장작을 집어넣어 온도를 맞추는 한편, 그릇의 상태를 살펴본다.

이때 그릇들은 마치 눈물을 흘리는 것처럼 잿물이 흘러내리고, 그릇은 달덩이처럼 크게 보인다. 원래 그릇의 크기에 거의 배는 되어 보이는 듯하다. 이때 적당한 시기에 불을 그만 넣어야 하는데, 때를 놓치면 안 된다.

이때를 아는 것은 오로지 경험에 경험을 거듭했을 때에만 가능한 일이며, 마음이 본심본성을 가지지 않으면 판단하기 어렵다. 빨리 녹아 주었으면 하는 마음을 가지면 가마 속에 든 기물들은 마치 다 녹아 버린 듯한 모습으로 보인다. 이때 녹았다고 착각하고 불을 중지하면 열이 식었을 때 잿물이 녹지 않고 생생한 모습 그대로이다. 마치 신에게 기도를 하면 신이 기도하는 사람 옆에 와 있는 것처럼 보이는 것과 같은 이치이다. 두 번째 가마에 온도가 오르면 창불은 세 번째 가마, 네 번째 가마로 옮겨 가며 온도를 맞춘다. 이렇게 마지막 가마까지 불을 다 넣고 나면 비로소 가마에 불을 때는 작업이 끝난다.

그래도 이나마 처음 불을 땔 수 있었던 것은 사촌오빠에게 배운 덕이다. 옹기장이 3대라면 그 집안사람 모두 옹기에 대한 상식이 풍부하다. 나는 오로지 어릴 적 기억을 되살려 불을 땠는데, 어린 나는 그 전 과정을 지켜보지 않았던 터라 오빠한테서 가르침을 받았던 것이다.

처음 가마에서 그릇을 꺼낸 나는 너무도 실망했다. 지나치게 불을 때 그릇은 온통 깨지고 뒤틀려 있었다. 가맛불을 때는 것을 알기까지는 또 수년을 보내야 했다.

가마에 불을 때면서

 가마에 불을 때는 일은 오로지 기다림이다. 기다림에 익숙하지 못한 사람에게는 가마에 불을 때는 일은 고역 그 자체이다. 대작은 10일 간, 중작은 5일 간, 소작은 3일 간 불을 때는데, 그 기간 동안 밤낮을 가리지 않고 꼬박 불을 넣어야 하는 일이 어찌 쉬운 일이겠는가?
 큰 가마터에서 여럿이 함께 불을 땔 때는 서로 교대를 해가면서 하지만 혼자인 사람은 꼬박 며칠 밤을 새우면서 가마 앞에 지키고 있어야 한다.
 만일 그렇지 않으면 불 조절의 시기를 놓치고 만다. 갑자기 바람이 방향을 바꾸어 그 속도가 더뎌질 때도 있고, 빨리 확 타오를 때도 있기 때문이다. 모든 자연의 현상에 일일이 신경을 써야 하는 것이다. 젊었을 때는 혼자서 그런대로 할 수 있었지만 나이가 들고부터는 도와주는 사람 없이는 배겨 날 수 없게 되었다.
 전통 가마라는 것이 이렇게 자연에 응해 주어야 하는 결코 쉽지 않은 작업이기 때문에 요즈음 사람들은 모두 가스 가마를 선호하고, 혹 전통 가마라 할지라도 열두 시간에서 끝내 버리는 경우가 허다하다.

가스 가마는 이런 고된 작업을 하지 않아도 된다. 일정한 온도만 맞추어 놓으면, 가마 앞에 지키고 서 있지 않아도 기계가 알아서 기물을 척 구워 낸다. 그것도 균열 하나 내지 않고 아주 매끈하게, 마치 전통 가마에서 구워 내는 것같이 말이다.

그래서 요즈음 요를 하는 사람들은 모두 가스 가마를 선호한다. 전통 가마가 반듯한 기물을 만들어 낼 확률이 불과 40%정도라면, 가스 가마는 90% 이상이다. 더욱이 전통 가마로는 작가가 바라는 제대로 된 작품, 특히 다완으로서 명기(名器)에 해당하는 것은 단 한 점 얻기가 어려울 정도다. 그러니 내다 팔 생각으로 도자기를 굽는 사람들에게 전통 가마는 사실상 불가능한 일인 것이다. 예술품이라고 할 수 있는 그 한 점을 내기 위해 온갖 노력을 기울여야 하기 때문이다.

그러나 전통 가마와 가스 가마의 기물은 그 가치에 있어서 엄청난 차이를 보인다.

전통 가마에서 나온 기물은 생명을 가진 존재이다. 흙으로 빚어서 초벌구이를 하고 재벌구이를 하는 과정에서 기물은 모양이나 색깔이 시시각각 변하게 된다. 다 구워서 나왔을 때도 기물의 색깔은 처음 막 꺼냈을 때와 달리 시간이 흐를수록 변해 가는 것이다. 사람을 비롯해 모든 살아 있는 것들이 시간이 흐르면서 변하는 것과 똑같은 이치이다. 자연의 변화를 따르는 것이다. 사람은 늙으면 늙을수록 추해지지만 기물은 오래 되면 오래 될수록 아름다워진다.

잘 구워진 기물은 마치 가을산에 단풍이 드는 것처럼 청심하고 아름다운 빛깔을 갖게 된다. 사람도 아름다운 마음을 가지면 아름답게 늙을 수 있다. 이는 공해에 찌든 단풍과 심산의 단풍이 그 빛과 향에서 엄청난 차이를 보이는 것에서 알 수 있는 사실이다.

다도에 쓰이는 도구는 이와 같은 시간의 흐름에 따른 변화를 보여 주어야 하기 때문에 전통 가마가 아닌 것은 다도의 도구로 쓰이지 못한다.

열두 시간 정도 불을 때는 전통 가마에서 구워진 기물은 변화는 있으나 그 깊이가 자연의 색을 내는 데는 못 미친다. 따라서 다완으로 사용한다고 해도 그 깊이를 추구하지는 못한다.

가스 가마에서 구워진 기물은 처음 구웠을 때나 시간이 흐른 뒤나 그 색깔이 변함없다. 그것은 곧 생명을 상실했다는 것을 증명하는 대목이다.

고려 시대에 구워진 청자의 빛깔을 오늘날 그대로 재현하기가 어려운 것은 5백여 년의 세월 동안 빛깔의 변화를 짐작하지 못하기 때문이다. 지금 남아 있는 고려청자의 빛깔을 그대로 재현했다면 5백 년 뒤의 그 빛깔은 틀림없이 다를 것이다.

전통 가마의 기물은 이렇듯 세월의 흐름에 따라 변하는 생명이 있는 것이기 때문에 그것의 가치가 더욱 소중한 것이다.

언젠가 텔레비전 드라마를 보면서 참으로 경악한 일이 있다. 한 사기장의 생애를 그린 드라마인데, 그 사기장은 오로지 예술 작품을 만들기 위해 뜨거운 예술혼을 가지고 사는 사람으로 묘사되고 있었다. 거기까지는 좋았다. 하지만 문제는 사기장의 행동이었다. 그는 가마에서 기물을 꺼내면서 형태나 빛깔이 자신이 추구하는 예술적 감각에 미치지 못하면 그 자리에서 깨뜨려 버리는 것이었다.

 그릇을 깨뜨리는 것은 우리의 사기장한테는 있을 수 없는 일이다. 그것이 어디에서 흘러들어온 문화인지는 모르지만 우리의 옛날 그릇을 보면 만들다 깨어진 것마저도 땜질을 해가면서 구운 것을 알 수 있다. 아마 그 드라마를 쓴 작가는 우리의 전통 가마에 대한 이해 없이 어디서 들은 사실만으로 쓴 모양이었다. 그렇게 텔레비전에 드라마로 방영되고 나면 많은 사람들이 그렇게 인식을 해 버리고 말게 될 것은 틀림없다. 텔레비전의 위력이나 공신력으로 볼 때 잘못된 사실이 얼마나 많은 사람들에게 영향을 미칠 것인가 생각하니 아찔한 느낌마저 들었다. 정말이지 이 세상에 말 한 마디를 내놓는다는 것이 얼마나 중요한 것인지 알고 행동하여야 할 일인 것이다.

 단지 그릇을 깰 수 있는 것은 성형이 마음에 들지 않았을 때 불에 들어가기 전, 즉 아직 생명이 붙지 않았을 때만 가능하다. 그것은 바로 흙으로 돌아갈 수 있기 때문이다. 물론 도자기도 흙으로 돌아가지만, 그것은 아주 오랜 세월이 지난 후에야 가능한 일이다.

 전통 가마에서 나온 기물은 생명체이다. 가마에 성형을 한 기물을 넣고 불을 때는 것은 어미가 자식을 잉태하는 것과 다를 바 없다. 어느 어미가 자식이 조금 못생기고 자신의 마음에 들지 않는다고 자식을 없애겠는가?

 가마에서 구워진 기물이 비록 못생기고 뒤틀리고 조금 깨어졌더라도 그것의 쓰임새를 찾아주는 것이 올바른 사기장의 태도인 것이다.

 우리 집에만 해도 그런 기물들이 때로는 화단가 장식으로, 때로는 뜨락의 디딤돌을 대신해, 때로는 부엌에서 못생기면 못생긴 대로, 금이 갔으면 금이 간 대로 그 쓰임새를 다하고 있다. 그렇게 오랜 기다림 끝에 태어난 생명들을 소중히 다루는 것은 당연한 이치이다.

전통 가마를 하면서 나는 그 기다림을 지루하지 않게 하기 위한 방법을 배웠다.

혼자 시조를 읊거나 노래를 부르기도 한다. 언젠가 시조 명창에게서 시조를 배운 바 있는데, 외로움과 기다림을 견디는 데 아주 좋은 방법이다.

내가 즐겨 읊는 시는 서산대사의 시이다. 호연지기가 느껴지는 시구절이 내 성격과 잘 맞아떨어져 좋아한다.

일만 나라 서울도 개미가 성을 쌓은 것
일천 집 영웅호걸 촛벌레 같으니
무한한 솔바람 곡조 다시 멋지거니
창밖에 비친 달빛 베개 위에 머무른다

나는 시인은 아니지만 가끔 시를 직접 쓸 때도 있다. 가맛불 앞에 있을 때는 물론이고, 성형을 할 때도 가슴 속에서 감정이 일면 즉흥적으로 시를 쓰기도 한다. 하루는 골동품을 수집할 때 내 손에 들어온 사발이 방안에서 뒹구는 것이 눈에 띄었다. 그 사발을 보니 내가 정호다완을 재현하게 된 인연이 그저 신기하기만 하다는 생각이 들었다. '대화'는 그때 쓴 시이다.

이것은 하나의 사발
둘레는 비틀고 일그러져도

오백 년 풍진이 담겨 있는
하나의 투박한 사발

아픈 세월에 찍힌
찌들고 때 묻은 너의 모습
이 빠진 자국마다
군더더기 눈가림의 땜질
수없이 손에서 손으로
옮겨온 너
드디어 내 집에까지 찾아온
기막힌 이 인연이여!

이제 때를 씻고
군더더기를 벗기고
너 타고난 살결 위에
나는 눈으로 어루만진다

비틀고 일그러진
너의 꾸밈없는 모습
더불어 밤마다 나는
끝없는 이야기를 나눈다
- 대화

이렇듯 혼자 시도 읊고, 노래도 부르고, 불의 근본 철학을 찾아내면서 기다림의 시간들을 보내기도 했다.

그러다 보면 자연 생각하는 시간도 많아지는데, 그런 시간에 관심관찰을 통해 참으로 많은 것을 깨닫게 된다. 사람은 홀로 있을 때 사물의 본질을 쉽사리 깨달을 수 있는 모양이다.

혼자 가마를 때면서 가끔은 아주 엉뚱한 생각도 한다. 한번은 불을 때면서 문득 이런 생각이 떠올랐다. 용에 관한 것이다. 용은 실재로 존재하지 않는 상상 속의 동물이다. 그 동물을 처음으로 생각해 낸 사람은 순임금이 아닐까 하고 생각했다. 우리 어머니께서 순임금도 옛날에 독장사를 했다는 말씀을 늘 해주었는데, 순임금이 독장사를 했다면 아마 가마를 보고 용을 생각했을 것이다.

사람들의 용에 대한 이미지는 신격화되어 있다. 여의주를 물고 하늘로 오르는 용은 지배자의 모습이고 정의의 표상이다. 이를 가마에 비유하면 이렇다.

가마의 형상이 구불구불한 것은 용의 형상을 꼭 닮았고, 용의 붉은 비늘은 가마가 한창 달구어져 불기운을 안고 있을 때의 모습이고, 굴뚝 연기는 용의 꼬리이다. 가마의 아궁이는 용이 입에서 불을 내뿜는, 바로 그 모습인 것이다. 가마가 이글이글 끓을 때의 기물은 여의주를 상징한다. 그리고 용이 신격화될 만큼 훌륭한 동물인 것은, 가마가 생명을 연명하는 음식을 담는 기물을 만들어 내기 때문일 것이다. 이런 생각에 순임금이 용이라는 상상의 동물을 만들어 내지 않았나 하는 생각도 한다.

다소 엉뚱하지만 이 역시도 나의 유별난 관심관찰의 산물이라고 할 수 있다. 이처럼 가마를 땔 때 다소 엉뚱한 상상도 해가면서 기다림의 철학을 배워 나갔다.

석굴암 부처님 같은 사발

첫 번째 가마 이후에도 실패에 실패를 거듭했다. 실패는 엄청난 물질적인 손실을 가져왔다. 하지만 결코 포기하지 않았다. 우리의 그릇, 일본 박물관에서 본 우리의 사기장에 의해 구워지고 우리의 정신을 담고 있는 우리의 그릇을 반드시 내 손으로 재현하겠다는 생각 때문이었다. 그리하여 조선 시대 유교 사상에 의해 '쟁이'로 천대를 받으면서 일생을 보내야 했던 우리 사기장의 넋을 달래야만 했다. 또한 유교 사상으로 인해 맥이 끊겼던 우리 문화를 되살려야겠다는 생각이었다.

실패를 거듭하면서 한 사람의 마음으로 한 작품을 완성해야 한다는 철학을 갖고 온갖 어려움을 이겨 냈다.

그리고 마침내 처음으로 내 마음에 맞는 한 점 사발이 나왔다. 그 사발을 안고 곧장 일본으로 건너갔다.

그것은 당시 우리나라에는 다완에 대한 인식이 부족할 때여서 다완을 평가해 줄 사람 또한 없었기 때문이다.

먼저 다도 선생인 고모리 슈운 선생을 만났다.

"선생님. 저는 여기 일본에서 다도를 배우면서 그것이 우리 문화인 것을 알았고, 국보로 되어 있는 정호다완도 역시 우리의 것임을 알았습니다. 그래서 저는 정호다완을 반드시 내 손으로 재현하리라고 마음을 먹었습니다. 이것이 제가 처음으로 구운 사발입니다."

사발을 선생 앞에 내놓았다. 사발을 본 고모리 슈운 선생은 한참 미소를 짓다가 나에게 나지막한 음성으로 말했다.

"최 선생. 불국사 석굴암의 부처님 같은 다완을 빚으시오."

그 말뜻을 알 도리가 없었다.

우리나라로 돌아온 나는 그 길로 토함산에 올라 석굴암 부처님을 찾았다. 내가 본 석굴암 부처님은 가장 완벽하고 아름다운 조형미를 갖추고 있었다. 또한 석굴암 부처님의 미소는 부드럽고 온화함으로 온 세상을 안을 것 같았다. 누구나 그 앞에 서면 머리를 숙이지 않고는 못 배겨 난다. 그것은 바로 자연의 얼굴이었다. 자연을 닮은 석공의 본심본성에 의해 만들어진 부처님이었다.

신라 시대 사람들은 자연에 가까운 삶을 살았다. 숨기거나 과장된 것이 없이 본심본성을 그대로 드러내고 살았던 것이다. 이러한 사실은 문화재를 보면 알 수 있다. 문화재는 당시의 심회전, 즉 마음의 상태를 알 수 있는 증거물이기 때문이다. 석굴암 부처님만 보아도 알 수 있는 것이다.

그러고 보면 요즈음 우리나라 사람들은 본심본성대로 사는 경우가 드물다. 이는 조선 시대에 들어 유교가 지배 이념이 된 탓이라고 할 수 있다. 유교적인 교육은 체면을 중시하고 참고 견디는 것을 미덕으로 여겼다. 솔직하게 느낀 대로 이야기하는 것은 마치 군자의 도리가 아닌 것처럼 말이다. 그러다 보니 사람들은 상대방의 마음을 제대로 알지 못하고 그저 짐작을 하게 되고, 그렇게 짐작을 하면서 살아가다 보니 착각과 후유증을 불러오는 것이다. 오늘날 사회가 혼란과 혼돈 속에서 어지러운 양상을 보이는 것도 서로 그저 짐작하고 살아가는 습관이 붙었기 때문이다. 이는 사람들이 인식과 교양, 상식에 기만적인 생각을 집어넣어 자신의 본심본성을 잃어버린 탓이다.

본심본성이라는 것은 어린아이와 같은 순수한 마음이다. 본래 갖고 태어난 마음이 자연과 같다는 것이다. 싫으면 싫다고 말을 하고, 좋으면 좋다고 표현할 줄 아는 마음인 것이다. 그러나 사람들은 옳은 말을 하면 그것이 자칫 듣는 사람의 성격과 맞지 않아 갈등을 일으키면서 기분 상해 한다. 사람들은 그런 상황에 부닥치는 것이 싫어 눈치를 보게 되고, 그저 마음에 맞추려고만 하는 것이다.

사람이 본성을 지키고 살면 모든 일은 우주로부터 이어지는 순리대로 가게 되어 있다. 본심본성을 가지면 양심이 따르게 되어, 당시에는 기분이 좋지 않았다고 해도 나중에 깨달음이 오면 본심본성으로 돌아가게 되는 것이다.

석굴암 부처님을 닮은 사발을 빚으라는 고모리 슈운의 말뜻을 또 여러 번의 실패를 거듭한 후 깨우치게 되었다. 사발이 사기장의 순수하고 욕심 없는 마음에서 빚어진 것이라는 사실을 터득한 후에야 그것이 바로 석굴암 부처님의 얼굴 같은 사발이라는 뜻을 알게 된 것이다. 그때부터 석굴암 부처님과 같은 사발을 만들어야겠다고 마음먹었다.

사발을 평가해 줄 사람을 찾아서

고모리 슈운을 만나고 돌아온 뒤 석굴암 부처님 같은 사발을 찾기 위해 또다시 사발 빚기에 열중했다. 하지만 당시 나에게는 석굴암 부처님 같은 사발이라는 명제가 너무도 막연했다. 그것은 내 마음이 명예욕과 물욕으로 가득 차 있었기 때문이다.

온화하고 넉넉한 미소, 여유로움……. 석굴암 부처님은 그렇게 피상적인 존재였다. 그 내면에 간직한 자연과 석공의 본심본성을 읽기까지 나는 밤낮없이 사발 빚기에 몰두했다.

하지만 석굴암 부처님의 숨은 철학을 찾지 못하고 다른 스승을 찾아다니던 중 히로시마의 유명한 서예가인 다께자와 단이찌(竹澤 丹一)을 만나게 되었다.

내가 빚은 사발을 보여 주면서 평가해 줄 것을 부탁했다. 다께자와는 내 그릇을 보더니 감탄을 하면서 일본 전시를 주선해 줄 테니 작품을 더 가지고 오라고 했다. 그는 내 작품 정도면 당시 가격으로 8만 엔 정도의 가치가 있다고 했다. 우리나라로 돌아온 나는 일본에서 전시를 할 수 있다는 생각에 너무 기뻤다. 하지만 처음 구워 가지고 간 사발 같은 것은 더 이상 나오지 않았다.

그럴 수밖에 없는 것이 일본에 가지고 간 사발은 내 자신이 본심 본성을 찾지 못한 채 우연히 만들어진 것이기 때문이었다. 지금 생각하면 작품이 뜻한 대로 나오지 않는 것이 당연하겠지만, 당시에는 도저히 이해가 가지 않았다. 만들고자 하는 의식이 강해지자 더 이상 작품은 나오지 않았던 것이다.

그 후 1년에 한 번씩 사발을 빚어 일본으로 건너갔다. 다께자와는 내가 빚어간 사발을 보고 아주 구체적인 충고를 해주었다.

"사발의 굽을 조선 시대 막사발의 굽처럼 깎으시오."

조선 시대 막사발의 굽. 정호다완의 실체가 한 발짝 가까이 다가온 듯한 느낌이 들었다. 정호다완을 재현하겠다고 나섰지만, 그간 내가 알고 있는 상식은 너무도 막연한 것이었다. 사기장의 욕심 없는 마음, 석굴암 부처님 같은 사발 등, 그 의미를 나는 막연하게 가슴속에 새기고 있었지, 그것을 구체적으로 형상화시키지 못한 것이었다.

다시 우리나라로 돌아와 그 형상 없는 의미들을 탐구하면서 사발 빚기에 열중했다. 예전에 발굴한 계룡산 도요지에서 가져온 파편들을 벽면에다 붙여 놓고 사발의 굽을 연구하였다.

얼마쯤 지나자 당당한 데다, 자연스럽게 나타난 대나무 마디 무늬 등 조선 시대 사발의 굽이 눈에 들어오기 시작했다. 굽을 깎을 때는 한 번에 쭉 이어지는 이음으로 깎되, 일부러 모양을 내기 위해 다시 다듬는 일이 없어야 한다는 것도 터득하였다.

지금 와서 생각하면 지난날 그런 노력이 한편으로는 부질없는 일이고, 연구해서 되는 일이 아니라는 것을 안다. 하지만 그런 노력은 결코 헛된 것만은 아니었다. 그것은 오늘날 내가 정호다완의 뜻을 이해하는 밑바탕이 된 것이다.

밤낮없이 몰두해 그릇을 빚어 또 일본으로 건너간 나는 이번에는 일본의 인간 국보이며 도예가인 즈까모도 가이시(塚本快示) 선생을 찾았다. 그는 내가 빚은 사발을 보더니 선문답 같은 말을 던졌다.

"최 선생. 그릇을 잘 만들고 못 만드는 것은 사실 아무런 의미가 없는 것입니다. 단지 내가 만든 그릇을 누가 즐겁게 사용해 주는가에 작가는 만족할 따름입니다."

결국 이 말은 사발을 아는 사람과 모르는 사람의 차이를 말하는 것 같았다. 그러나 그런 말들이 당시 마음에 썩 당겨지지 않았다.

이후로 여러 사람들을 만나 사발에 대한 이야기들을 들으려고 했지만 역시 일본에서도 사발을 평가해 줄 만한 사람을 찾지 못했다.

그러던 중 도쿄의 하야시야 세이조 선생을 찾아갔다. 당시 그는 도쿄 박물관의 학예부장이었는데, 나중에 부관장 자리에 오른 사람으로 다도 도구 평론가로서는 손꼽히는 분이었다. 그와는 민예사 시절 알게 되었는데, 참으로 재미있는 인연으로 친구가 된 사람이다.

하루는 그가 지인(知人) 여럿과 함께 우리 가게에 왔다. 그는 골동품 한 점을 가리키며 값을 물었다. 그가 도쿄 박물관 학예부장이라는 것을 아는 나는 내심 놀랐다. 그가 가리킨 것은 이미테이션이었기 때문이다.

그의 직위로 보나 안목으로 보나 진짜인지 가짜인지를 구별 못할 사람이 아닌데, 가짜 골동품을 보고 마음에 들어 하며 다짜고짜 값을 물으니 당황하지 않을 수 없었다. 그를 생각해서 그것이 가짜라고 말하지 않고 그냥 값을 말했다. 만일 내가 그 지인들이 함께 있는 자리에서 가짜라고 한다면, 그가 무안해할 것을 생각했기 때문이다.

"1만 원입니다."

그는 그것을 아무 말 없이 사가지고 갔다. 당시만 해도 웬만한 골동품은 진품일 경우 몇십만 원에서 몇백만 원을 호가할 때라 1만 원이라는 가격은 내가 가짜라고 입 밖에 내지 않아도 알아차릴 가격이었다. 사실 골동품이라는 것은 수집하겠다는 욕심이 앞서면 영락없이 속기 마련이다.

그 후 일본에 가서 그를 만났을 때, 그가 나에게 웃으며 말했다.

"그거 아니지."

"네, 그래서 제가 1만 원을 받지 않았습니까?"

내 말에 그는 말없이 빙긋이 웃었다. 그런 인연으로 하야시야 세이조와는 줄곧 친구로 지내 오던 사이였다. 물론 그는 사발을 빚는 사람이 아니지만 다도 도구 평론가이고 박물관에 근무하고 있어 미술품 등 문화재에 대한 안목이 높은 사람이었다. 때문에 내가 빚은 사발을 평가해 줄 수 있으리라고 생각했다.

그는 사발을 평가해 달라는 내 말에 처음에는 약간 당혹스러워 했지만, 정호다완을 재현하겠다는 강한 의지를 보이자 흔쾌히 고개를 끄덕였다.

그로부터 그와 나는 스승과 제자 사이가 되었다.

20여 년 간 찾아간 하야시야 세이조

스승이 된 하야시야 세이조는 엄격했다. 친구 사이일 때는 스스럼없이 지냈는데, 막상 사제지간이 되고 나니 그렇게 엄할 수 없었다. 1년에 한두 번 사발을 빚어 가지고 일본으로 건너가 하야시야 세이조 앞에 내놓았다. 그때마다 그는 아니다,는 한마디로 끝을 내 버렸다. 아니라는 말을 들을 때 내 기분은 참담한 심정이었다. 마치 나는 아니라는 말을 듣기 위해 사는 것 같았다. 간혹 내가 그릇에 대해 변명이라도 하려고 하면, 그는 "말이 많다."며 내 입을 가로막았다.

하지만 그에게서 그런 소리를 들으면 들을수록 내 의지는 점점 더 확고해져 갔다. 반드시 내 손으로 정호다완을 재현해 내겠다는 의지였다.

그렇게 한 스무 번을 찾아가니 하야시야 세이조 선생이 아주 어두운 얼굴로 조심스럽게 입을 뗐다.

"최 선생. 괜한 고생하지 말고, 이즈음에서 그만두시지요."

그 말을 듣자마자 나도 모르게 큰 소리로 외쳤다.

"아닙니다. 죽을 때까지 하겠습니다."

그러자 하야시야 세이조 선생은 다소 놀란 표정으로 나를 보더니 잠시 후 말했다.

"그렇소. 단 한 점의 작품을 내더라도 옳은 사발을 세상에 내놓아야 하오. 그런데 혹시 최 선생, 다른 일을 하는 게 있습니까?"

"네, 차인회 일을 보고 있습니다."

사실 그때 한국차인회의 실무적인 일은 손을 뗐지만 이사로서 활동은 간간이 하고 있었다. 그러나 다도의 중요성을 알고 그것을 교육적 측면에서 반드시 보급해야겠다는 생각에 대학에서 강연을 하기도 하는 등 사발 빚기와 겸해 활동을 하고 있었다.

그리고 1989년 들차회를 설립했다. 들차회는 신라 경덕왕의 사상을 존중하여 만든 차모임이었다. 경덕왕은 충담사에서 나라를 안정하게 하는 향가를 짓도록 하였는데, 그것이 바로 안민가이다. 그 안민가의 결구는 '아아, 임금답게 신하답게 백성답게 한다면 나라가 태평을 지속하느니라.' 이다. 여기에서 '답게' 라는 말의 뜻을 깊이 새겨 '답게' 만 한다면 삶에서 후유증이 따르지 않을 것이다. 말하자면 답게라는 것은 순리를 지키며 살라는 것이다. 그런 뜻을 받들자는 생각에서 들차회를 설립했다. 들차회는 다도의 원리를 모두 생활의 원리 원칙으로 삼아 그것을 실행함으로써 화합하는 삶을 추구하는 데 그 목적을 두고 있었다.

차인연합회 일과 들차회 일을 하고 있다는 내 말에 하야시야 세이조 선생은 이제사 이유를 알겠다는 듯 나를 보고 호통 치듯이 말했다.

"그러니까 안 되는 겁니다."

그 말에 내 머릿속에서는 쨍하는 깨우침의 소리가 났다. 그것은 바로 공심(空心)에 대한 깨우침이었다. 마음을 비운다는 것은 곧 어느 한 가지로 마음을 꽉 채웠다는 것을 뜻하기도 한다. 그때까지 난 마음을 비우고 사발 빚기에 몰두하고 있는 것처럼 생각했으나 사실은 그게 아니었던 것이다.

그때 차인회는 연합회라는 이름 아래 각 지회가 늘어가고 있었다. 다도에 대한 광범한 철학은 명확하게 설명이 되지 않고 우후죽순처럼 다도인은 늘어만 갔다. 그런 행태에 답답함을 느끼고 점점 회의에 빠졌다. 그러나 경주차인회 일과 들차회 일을 나 대신 맡아 줄 사람이 없어 계속 관여를 하고 있던 터였다.

그런 일들이 공심을 갖고 그릇을 빚는 데 방해물로 작용하였다.

그때부터 차인회 등 모든 바깥일들을 그만두었다. 그리고 사람을 잊으려고 노력했다. 그것은 곧 머리를 비우는 것이었다. 사람을 알게 되고 인연을 맺게 되면 그것으로 인해 번거로워지기 마련이었다.

사람 만나는 일을 삼가면서 나는 오로지 흙을 연구하고 사발을 빚는 일만 했다. 그렇게 해서 정말 마음에 드는 원두리(圓頭理) 사발을 빚게 되었다. 그 후 마음에 드는 사발을 2점 정도 더 얻을 수 있었다. 하지만 이를 하야시야 세이조 선생에게 가져가지 않았다. 그런 작품을 두 번 다시 얻기는 힘들기 때문에 그것만은 우리나라에 보관하고 있어야 한다는 생각에서였다.

한편 그렇게 사람을 잊는 연습을 하다 보니 사람을 보면 잘 기억하지 못한다. 한 번 본 흙은 다 기억을 해도 사람은 여간해서 기억 속에 남아 있지 않는 것이다.

어떤 사람들은 혼자 살면 외롭지 않느냐고 내게 묻는다. 하지만

어느 날 문득 공심(公心)에 대한 깨우침이 온 후 빚은 원두리 사발

아무렇지도 않다. 미국에 사는 고명딸 영자가 손녀딸들을 데리고 우리나라로 들어오면, 그때의 반가움은 이루 말할 수 없다. 하지만 아이들이 미국으로 돌아가고 난 뒤에는 나는 그 아이들을 머릿속에서 금방 지워 버린다. 모든 인연에 연연해하지 않기 때문이다.

점차 기술이 따르고 머리를 비우고 나니 솜씨가 붙기 시작했다. 다완을 빚기 시작한 지 20여 년이 흐른 뒤의 일이었다.

이제 형태는 되었소

　어느 날 꿈에 가시우찌 선생이 찾아왔다. 그 옛날 우체국장네 집 같기도 하고 아닌 것 같기도 한 이층집에서 내가 가시우찌 선생의 팔을 베고 누우면서 이제는 헤어지지 말자고 선생과 다짐을 했다. 깨어 보니 꿈이었다. 그런데 신기하게도 머릿속이 맑아지는 느낌이 들더니, 탁 깨치는 소리가 들렸다. 순간적으로 사물의 원리에 대한 깨우침이 왔다. 그때부터 모든 것이 저절로 터득되었다.
　그 후, 다시 꿈에 나타난 선생은 이상한 말을 하였다.
　"나는 너에게 모든 것을 다 가르쳐 주었다. 이제 나는 너를 영원히 떠나겠다."
　그리고는 선생의 그림자는 점점 멀어져 갔다. 내가 아무리 붙잡으려고 애를 써도 잡을 수가 없었다. 애타게 선생을 부르며 잡으려 했지만 그는 나에게 더 이상 가르쳐 줄 것이 없노라며 멀어져 갔다.
　꿈을 깨고도 한참 동안 꿈속의 일이 너무도 생생하게 살아났다.

그날 이후 신기하게도 그간에 몰랐던 이치들이 봇물 터지듯 터져 나오기 시작했다. 머릿속은 마치 불꽃놀이를 하는 듯했다. 어떤 사물을 보고 그 사물의 원리가 눈에 보이는 듯 깨달아졌다.

정호다완에 관한 책을 구입해 그 사진을 보면서 사발을 구워 왔지만 이제까지는 사진을 보고도 모르던 사실이 눈에 보이기 시작했다. 사진을 보면 흙을 어떻게 배합했는지, 잿물은 무엇을 썼는지 알 수 있게 된 것이다.

정호다완뿐이 아니라 가끔 청자 가마도 하는데, 청자의 비취색을 내지 못해 고심을 하고 있던 터였다. 하루는 아는 사람과 포항을 갔는데, 그곳의 바다를 보고 청자의 그윽한 비취색을 내는 원리를 깨달았다. 얕은 바다에서는 바다빛이 파랗고, 깊은 바다에서는 비취색을 내는 것을 보고 잿물을 두 번 묻히면 깊은 바다와 같은 비취색을 낼 수 있다는 생각이 든 것이다. 나중에 집에 돌아와 고려 시대 청자를 보니 아니나다를까 잿물을 두 번 입힌 것을 확인할 수 있었다.

이처럼 사물을 보면 그것의 원리가 깨달아졌는데, 물론 이는 꿈 때문만은 아니다. 20여 년 동안 흙을 다루고, 그것에 대해 연구를 해왔던 터라 하루아침에 깨달음이 왔던 것이다. 그러나 희한하게도 가시우찌 선생이 꿈에 나타나 그렇게 이야기한 후 비로소 눈이 띄었다는 게 신기하기만 하다. 가시우찌 선생은 그 이후로 한 번도 꿈에 나타나지 않았다. 혹시 꿈에라도 볼까 싶어 간절하게 원하지만 아무 소용이 없었다.

아무튼 그렇게 모든 이치를 터득하고 나자 사발 빚는 일은 점점 솜씨가 붙기 시작했다. 하야시야 세이조 선생이 차인회 일을 그만두라고 한 후, 모든 일들을 접고 오로지 사발 빚기에만 몰두했다.

머리를 비우고, 마음도 비웠다. 사발도 잊고, 다도도 잊었다. 정호다완을 빚는 일은 아무것도 없는 상태에서 시작되어야 했다. 말하자면 무에서 유를 창조해 내는 것이었다. 이는 무심(無心)의 상태에서만 가능한 일이었다.

어떤 사발을 빚어야겠다는 생각을 하는 순간 이미 욕력(慾力)이 따른다. 그 상태에서 빚은 사발은 욕력에 의한 것이다.

정호다완이 소중한 것은 자연과의 일체감이다. 무심의 경지에서 기술에 조화가 일어나야 한다. 흙의 선택에서부터 기술, 흙, 가맛불의 삼합이 일치하여야 하고, 삼합이 일치된 경지에서 성형한 것을 불에 굽는 것이다. 물 조절, 끈기 조절을 거쳐 성형된 형물을 어머니 뱃속 같은 가마 굴속에서 구워 내는 것이다.

가마의 굴속은 사람의 자궁과 마찬가지이다. 어머니 뱃속에서 아기가 자라서 생명이 태어나듯 다완도 그와 같은 이치에서 생겨나는 것이다. 여자가 임신을 하면 반드시 태교를 해야 한다. 임신 중에 어머니 마음은 곧 태아의 근본이 되기 때문이다. 괴로운 생활을 한다던가 슬픔과 악한 마음을 가질 때 태아는 어머니의 감정 상태 그대로 본받게 된다. 그러므로 임신을 한 여인은 태교를 통해서 언제나 몸가짐과 마음가짐을 조심해야 한다.

다완도 역시 마찬가지이다. 작가의 정신과 혼에서 잉태되는 다완은 작가의 정신과 혼의 결정체인 것이다. 그러므로 작가가 무심의 상태에서 빚었는지, 욕력에서 빚었는지는 다완에 그대로 나타나게 되는 것이다.

그러나 그처럼 보이지 않는 부분까지 볼 수 있는 사람은 많지 않다. 예술품을 감상할 때 많은 사람들은 그 겉으로 드러난 모양새를 보고 평가한다. 보이지 않는 부분까지 볼 수 있는 사람은 그 자신이 예술에 대한 이해가 어느 경지에 이른 사람이라고 할 수 있다.

하야시야 세이조 선생은 다완의 모양새를 보고 작가의 정신과 혼의 상태를 분별할 수 있는 사람이었다. 그는 내가 빚은 사발에 투영된 나의 욕력을 보았던 것이다.

모든 것을 잊고 오로지 재련에 재련을 거듭했다. 그러다 보니 어느새 눈으로 볼 수 없는 것이 보이게 되고, 귀로 들을 수 없는 것이 들리게 되었다. 자연히 기술에도 조화가 붙기 시작했다.

그러던 1993년. 그해에도 사발을 빚어 하야시야 세이조를 찾아갔다. 하야시야 세이조는 사발을 조심스레 양손으로 감싸 안고는 사발의 안과 밖을 유심히 살폈다.

왠지 가슴이 떨려왔다. 하야시야 세이조의 얼굴 표정이 여느 때와 아주 다른 느낌이었다. 초조하게 하야시야 세이조의 입이 열리길 기다렸다.

멀리서, 가까이서 오랫동안 아무 말 없이 사발을 살펴보던 그는 아하, 하는 감탄사를 짧게 내뱉었다. 그리고는 절제된 목소리로 말했다.

"이제 형태는 되었군. 정호다완은 당신 거야."

정호다완 재현에 매달린 지 20여 년 만이었고, 내 나이 예순여덟 되던 1993년이었다. 반평생을 나는 정호다완과 함께 지냈던 것이다.

정호다완의 형태는 당당하고 굽을 중심으로 위쪽으로 갈수록 완만하게 넓어진다. 마지막에 가서는 마치 하늘을 향해 퍼지는 듯 약간 더 벌어진다. 다완의 몸체는 어른이 양손으로 감싸 안으면 맞춤할 만한 크기이다. 물레를 돌릴 때 생긴 자연스런 손자국은 숙련되고 노련한 솜씨가 만들어 낸 예술의 극치로 평가받는다. 굽, 밑둥은 투박해 보이면서도 당당하다. 굽은 마치 대나무와 같은 마디가 있고, 굽 안쪽은 중앙이 돌출되어 있다. 이 돌출되어 있는 부분은 회전의 핵심인데, 그 모양이 소용돌이처럼 휘감아 도는 것 등 다양한 형태를 가지고 있다.

또한 굽에는 잿물이 자연스럽게 흘러내리다가 맺힌 몽글몽글한 덩어리가 있는데, 일본 사람들은 이것을 매화피(梅花皮 : 일본어로 가이라기)라고 하여 그 예술적 가치를 무척 높게 평가하고 있다. 그러나 무엇보다도 중요한 것은 정호다완은 꾸밈이 없는 자연스러운 형태에서 풍기는 질박함과 당당함이다. 이는 예술품이라는 데 연연해 깎고 다듬어 형태를 만들어 내는 것과는 다른 것이다. 정호다완은 일사천리로 한 줄기로 이어진다. 그 자연스러움은 그것을 입에 대면 부드러움을 느낄 수 있는 데 있다.

20여 년 만에 처음으로 함께 사진을 찍어 준 하야시야 세이조 선생.

정호다완은 우주의 원리에서부터 이어져 태극 세계를 거쳐 생활 세계에 이르기까지의 내용이 포함되어 있어 곧 우주의 상징이라고 나는 생각한다.

이처럼 다완의 형태를 재현하고 나자 하야시야 세이조는 그때서야 같이 사진을 찍으면서 나의 노력을 위로해 주었다.

그리고 나는 귀국하여 이제 그 사발을 흙과 불에 따라서 다른 색, 다른 모양이 나오도록 하는 데 최대의 노력을 기울였다. 이런 일들은 그 근본이 모두 성형시 무심사(無心思)에 달려 있는 것이라는 것을 깨달았다.

제 3 부
생명의 흙, 황토에 담긴 뜻

정호다완과 구정사발

정호다완의 형태를 완성하고 나서 빛깔의 재현에 몰두했다. 그러나 그보다 앞서 정호다완이라는 이름부터 새로이 정립해야겠다는 생각을 했다. 이는 우리의 전통을 바로잡자는 의미에서도 중요했다. 우리의 것이니까 우리의 이름을 찾아 주자는 것이 합당하다는 생각이 들었다.

정호다완이라는 이름이 붙여지게 된 유래는 여러 가지가 있다. 먼저 속이 깊은 그릇의 모양에서 우물(일본어로 이도)을 연상하여 유래했다는 설과 조선 시대 경상남도 지명 위등(韋登, 일본어 발음으로 이도)에서 유래했다는 설, 임진왜란 때 출병해 정호다완을 모아 일본으로 가져간 이도 와가사노가미(井戶若狹守)의 이름에서 유래했다는 설, 우물 속에서 많은 다완이 발굴되었다는 설 등 여러 가지가 있으나 정확한 근거는 없다.

나는 정호다완의 이름을 다른 쪽으로 해석했다. 정호다완이 다도에 쓰이는 그릇이므로, 아마도 우물이 상징하는 중용 철학을 나타내기 위한 것이 아니냐는 생각이다. 다도의 정신은 바로 중용이고, 그것을 빚은 조선 사기장의 무심의 경지 등을 생각할 때 아마도 그런 의미에서 정호다완이라는 이름이 붙지 않았을까 하는 것이다.

그렇다면 내가 빚는 다완은 보다 더 강한 기운이 도는 이름을 붙여야겠다고 생각했다. 더욱이 우리나라의 기는 중용으로 가장 알맞은 기라고 할 수 있다. 그래서 구정(㕦井)사발이라는 이름을 붙였다. 구(㕦)는 기(氣) 밝을 구 자로 그 뜻을 살펴보면 다음과 같다. 우선 구(㕦)는 아홉 구에 입 구자로 이루어졌는데, 아홉 구는 우주 원리에서 삼성 세계에 오기까지의 단계(이는 회전 원리와 우주 원리를 설명하면서 자세히 설명하겠다)를 말하고, 입구는 그 아홉 단계를 거쳐야 인간의 생활에서 연명을 한다는 의미로 썼다. 십(十)은 인간 세계를 가리킨다. 완전한 결실을 이르는 숫자인 것이다. 아이가 어머니 뱃속에서 열 달 만에 세상 밖으로 나오는 것에서 그 뜻을 유추해 볼 수 있다.

이런 의미에서 붙여진 구정사발의 구(㕦)는 기밝을 구로 곧 강한 기운을 의미하고 미래를 상징하기도 한다. 우물 정(井)은 중용 철학을 상징한다. 따라서 구정사발은 우주 원리에서부터 생활까지의 철학이 함축된 그릇이라는 뜻인 것이다.

따라서 새등이요에서 빚어지는 다완은 구정사발로 이름을 정하였다. 구정사발을 빚을 때는 마사황토의 입자를 약간 굵게 하여 쓴다. 모래는 더 강한 기운을 내포하고 있기 때문이다. 정호다완보다 구정사발은 표면이 다소 거칠다.

구정사발을 만들고 나서 이를 문화일보를 통해 세상에 선보였다. 하지만 아직 하야시야 세이조 선생을 방문하지 못했다. 구정사발로 최고의 작품을 만들지 못했기 때문이다.

  전통 가마로 굽는 것이 알려지자 멕시코, 캐나다, 호주, 일본 등지에서 도예가들이 종종 나를 찾아온다. 그러나 정작 우리나라 젊은이들이 이것을 배우겠다고 오는 일은 드물다. 그런 점이 늘 아쉽다. 더러 한두 명씩 오곤 하지만 오래 견디지 못한다. 제자가 되겠다고 입문해 이틀이면 가버리고, 일주일 견디는 축들도 드물고, 한달 견디면 많이 견디는 것이다. 그러나 그들도 중심봉을 세울 때가 되면 가 버리고 만다. 명예욕과 물욕의 유혹을 견디기 힘들어서이다.

빛깔을 찾아서

 정호다완 재현에 바친 20여 년이라는 세월은 "형태가 되었소."라는 말 한마디로 보상이 되었다. 미치광이라고 손가락질을 받으며 흙을 연구하던 일, 다완을 평가해 줄 사람을 찾으러 일본 곳곳을 돌아다닌 일, 마침내 하야시야 세이조 선생을 만나 스승으로 모시고 매년 일본을 드나들던 일 등이 머릿속을 스쳐 지나갔다.
 이제 남은 것은 빛깔의 재현이었다. 정호다완의 빛깔은 황색을 띤 바탕에 붉은 기운이 돌고 여기에 푸른 기운이 더해진 아주 복잡한 색깔이다. 일본인들은 이를 비파색(枇杷色)이라고 한다. 그러나 반드시 비파색만을 찾는 것은 아니다. 비파색은 4백 년 전 일본인들이 좋다고 인정한 색이지만, 내가 재현하는 색깔은 오만 가지 색깔을 다 아우르는 자연의 색이다. 동서남북에 흩어져 사는 인류의 색깔이 다 다르듯이 다완도 각기 개성에 맞는 빛깔을 찾는 게 중요하다는 생각이다.
 다완의 빛깔을 찾으려면 흙의 배합과 불의 조절 등 여러 가지 요소들이 절묘하게 조화를 이루어야 한다.

우리 가마터의 황토는 토함산에서 떠오르는 아침해를 가장 먼저 맞는다. 그러므로 강한 강기를 가진 흙인 것이다. 정호다완은 강한 기운을 가진 흙으로 빚었기에, 질박하고 작가의 심성에 따라 품새에서도 당당함이 느껴지는 것이다.

그러나 빛깔을 내는 데, 황토만 가지고 그릇을 빚어 구우면 빛깔은 검은색이 된다. 누런 빛깔을 내는 데는 마사황토, 즉 백암토가 아주 중요한 역할을 한다는 것을 알게 되었다. 황토와 마사황토의 흙을 여러 가지 비율로 섞어 가면서 탐구했다.

흙의 배합과 아울러 불의 조절도 여간 중요한 문제가 아니다. 화도의 흐름에 따라 그릇의 빛깔은 각양각색으로 변화한다. 이는 인류가 인종마다 피부색을 달리한다는 것과 연결하여 생각할 수 있다. 햇빛을 강하게 받는 지역의 사람들은 피부가 검은색이고, 좀 덜 받는 지역의 사람들은 하얀색이고, 우리나라와 같이 햇빛을 적당히 받는 지역의 사람들은 누런 피부 빛깔을 띠는 것이다.

불 조절은 빛깔에도 중요한 영향을 미치지만 그릇의 형태를 이루는 데도 매우 중요한 역할을 한다. 불이 갑자기 세지면 그릇이 깨지기 때문에 매우 주의를 요한다. 밑불이 세면 굽이 갈라져 터지고, 중불이 세면 중간이 터지고, 상불이 강하면 그릇의 위쪽이 갈라진다. 그러므로 시종일관 적당한 세기의 불을 땔 수 있는 기술이 필요한 것이다. 이는 곧 중용의 도를 실천하는 것에 다름 아니다.

더욱이 산화염인 경우에는 중간에 적당히 공기를 넣어 주어 그 붉은빛을 감돌게 하는데, 그것이 지나치면 너무 붉게 되고 모자라면 누렇거나 푸른 기운이 돌게 되는 것이다.

가마에서 나온 그릇들은 살아 있는 생명과 마찬가지여서, 가마

속에서도 빛깔이 시시각각 변하지만 가마 밖으로 나온 뒤에도 서서히 변한다. 그것은 자연의 섭리에 따라 생명체가 변화하는 것과 같은 이치다.

　가마에서 금방 꺼냈을 때 푸른 기운이 많이 도는 그릇들도 바깥 공기를 쐬면 붉은 기운을 찾아가는 경우가 있다. 이는 바로 다완이 자신의 본심본성을 찾아가는 과정과 같다. 만일 다완에 이러한 변화가 일어나지 않는다면 다도의 깊은 뜻은 상실되고 만다.

　흙의 배합도 불의 조절도 기술의 조화도 이러한 이치를 알고 하여야 하지만, 이치를 안다고 해서 그 빛깔을 낼 수 있는 것은 아니다. 자연의 본모습을 드러낼 수 있는 것은 오직 전통 가마가 바탕이 되어야 한다.

　또한 무심의 경지에서만 나올 수 있는 것이다. 무심의 경지는 정말 부지불식간에 찾아온다. 사실 몇 날 며칠 불을 때다 보면 자신도 모르는 사이에 욕력에 사로잡히기 십상이다.

　한 사나흘 잠을 제대로 안 자면서 불을 조절하다 보면 빨리 이루고 싶은 욕심에, 또는 덜 된 것 같은 생각에 불을 덜 넣거나 더 넣고 만다.

　대개 가마 안을 들여다보면 불길이 하얗게 변해 있을 때가 적당한 때인데, 욕력이 앞서면 그 분별력을 잃게 되는 것이다.

　잿물도 또한 빛깔을 내는 데 중요한 역할을 한다. 정호다완에 쓰이는 잿물은 분청유다. 잿물은 불에 녹을 수 있는 것을 말하는데, 화도에 따라 잿물은 다르게 쓰인다. 각종 나무를 태운 재에 장석, 도석, 대리석, 규석 등을 섞는데, 흙에 따라 그 성분을 약간씩 달리해 만든다. 가마에 구우면 유리와 같이 투명한 그릇이 되고 어떤 것은 투명하지 못한 그릇이 되는데, 이는 흙에 따라 잿물을 사용하는 방법이 다르기 때문이다.
 이렇듯 흙과 불의 근본을 추구하면서 다완의 빛깔을 찾기 위해 밤낮없이 매달렸지만, 자연의 섭리에 따르는 것은 그리 쉬운 일이 아니었다.

노여움도 잊고 분함도 잊어

반평생 정호다완의 정신을 추구하다 보니 웬만한 일에는 노여움도 분함도 잘 생기지 않았다. 정호다완의 정신은 욕심이 없는 삶이다. 욕심이 생길 때 사람은 작은 일에도 노여움을 갖게 되지만, 욕심을 버리게 되면 화를 내거나 노여워할 일도 그리 많지 않다. 그러나 나는 옳고 그름의 판단에서 옳지 못한 일에는 그냥 넘어가지 않는 성질이다. 만일 옳지 않은 것을 보고도 그냥 넘어가면 후에 반드시 후유증이 따르기 때문에 그것을 바로잡는 것이 상대방을 위해 중요하다는 생각에서이다.

난 아주 섬세한 성격이라 작은 일까지도 일일이 챙기지만, 큰일에는 대범한 편이다. 작은 것을 실수하면 큰 것이 되기 때문이다.

한번은 이런 일이 있었다. 우리 집 일을 도와주는 아주머니가 있었는데, 그 아주머니는 매사가 손이 거칠어 설거지를 할 때 그릇 깨는 일이 잦았다.

그러던 어느 날 아주머니는 주의 부족으로 내가 아끼는 골동품을 깨뜨리고 말았다. 그 골동품은 당시에 80만 원을 호가하는 것으로 그 아주머니는 그것을 살 때 지켜보았던 터여서 내가 야단을 칠까 두려웠는지 쩔쩔매고 있었다. 하지만 아무 소리도 하지 않았다.

그 일이 있은 후 얼마 지나지 않아 그 아주머니는 또 사고를 치고 말았다. 이번에는 시가 2백만 원짜리 다완을 깬 것이다. 하지만 두 번째도 대수롭지 않게 넘겼다.

그러나 세 번째 사고를 쳤을 때 그 아주머니를 집으로 돌려보냈다. 내가 만든 하트 문양 다완을 깬 것이었다. 그 다완은 가격을 매길 수 없는 아주 특별한 의미가 있는 것이었다.

가마를 하다 보면 가끔 생각지도 않은 아주 진기한 그릇들이 만들어지곤 하는데, 하트 모양의 다완도 그런 것이었다. 가마 속의 변화에 따라 전혀 생각지도 않은 조화가 일어나는 것이다. 가마 속에서 나온 기물들을 보면 가마에 들어가기 전과 전혀 다른 모습을 하고 나온다. 그리고 그 많은 기물들 가운데 같은 것은 하나도 없다. 가마 밖으로 꺼내 놓았을 때는 또 다른 모습으로 변화를 거듭한다. 이것은 모두 그 본심본성을 찾아가는 과정이라 할 수 있다. 한 어머니의 뱃속에서 나온 형제들도 다 다르듯이 한 가마에서 나온 기물이라고 해도 다 다른 것이다.

때문에 가끔 아주 특이한 작품들이 나올 때가 있다. 진귀한 빛깔을 가졌다든지, 모양을 가졌다든지, 아주 희한한 문양이 만들어졌다든지 하는 것이 그것이다. 불의 기운을 어떻게 받았는가에 따라 그렇게 생각지도 않은 기물들이 나오는 것이다. 그것을 흔히 요변(窯變)이라고 하는데, 나는 자연의 섭리라고 한다.

자연의 섭리에 의해 만들어진 기물은 그 희소성 때문에 무척 소중하게 여긴다.

한번은 청자를 구웠는데, 그중 청자 접시 하나가 아주 특이한 것이 나왔다. 불길이 너무 세게 닿아 가운데가 갈라 터진 것인데, 그 비취색이 어찌나 깊고 그윽한지 다른 기물들에 비할 바가 아니었다. 비록 그릇은 갈라 터졌지만 빛깔 하나만으로도 충분한 가치가 있어 소중히 여기는 것이다.

그것을 전시장에 내놓자 우리나라 사람들은 갈라 터진 것을 왜 전시해 놓느냐고 했다. 하지만 외국 사람들은 서로 사겠다고 했다. 그만큼 안목이 다른 것이다. 물론 외국인들이 사겠다고 하지만 팔려고 내놓은 것은 아니어서 팔지는 않았다.

하트 문양의 다완도 바로 그런 것이었다. 그 다완을 구울 때 아주 힘든 고비가 있었기에 더욱 그랬다.

그날 가맛불을 넣을 때의 일이다. 가맛불을 넣을 때는 불 조절 때문에 한시도 자리를 뜰 수 없는 데다, 한불을 올릴 때는 조금도 늦추지 않고 장작을 계속 던져 넣어 주어야 한다. 그래야 불의 온도가 쭈욱 올라가기 때문이다. 그래서 불을 넣을 때는 장작을 날라 주는 사람이 있어야 한다.

그날도 마동에 사는 서 씨 아주머니가 와서 도와주었는데, 한불이 오를 무렵 집에 잠깐 갔다 오겠다고 해놓고 30분이 넘어도 돌아오지 않았다. 한불이 오르자 가맛불은 더더욱 거친 기세로 나무들을 집어삼켰다. 미처 나무를 대기가 무섭게 불길은 거세어졌다. 장작을 더 넣으려고 손을 뻗치자 아무것도 잡히지 않았다. 미처 나무를 가지러 갈 사이가 없었던 나는 집을 지으려고 마련해 두었던 서까래를 집어던졌다.

"가마여, 나를 죽여라. 나는 이 불 속에 타죽을 것이다."

그때의 내 심정은 나를 불에 태우는 한이 있어도 기물의 잿물이 녹아내리기만을 바라는 간절함, 그것이었다. 기물이 제대로 나오느냐 안 나오느냐 하는 것은 둘째 문제이고, 우선 잿물이 녹아내리는 게 중요하기 때문이다.

그렇게 정신없이 서까래까지 다 태우고 나서, 가마를 열었다. 붉게 물든 하트 문양의 다완은 그 속에서 나왔던 것이다.

그 다완이 깨졌다는 게 너무나 아쉬웠다. 그것을 깬 아주머니와는 더 이상 함께 있을 수 없다는 생각이 들었다. 그 아주머니는 여러 차례 기회를 주어도 자신의 잘못을 고치려 하지 않고 잇단 실수를 했기 때문이었다.

대개 사람들이 실수를 하면 나는 다섯 번까지는 용서를 하고, 좋은 말로 주의를 준다. 그러나 여섯 번째는 나도 모르게 큰소리가 터져 나온다. 그 정도 실수할 때까지 자신의 잘못된 점을 깨닫지 못한다면 그 사람하고는 상대할 가치를 못 느끼기 때문이다.

도의 경지에 이르면 노여움도 분노도 일어나지 않는데, 나는 그 경지를 아직도 넘지 못한 모양이다.

욕쟁이 할머니

　사람들은 나보고 욕쟁이 할머니라고 부른다. 욕을 잘한다고 그렇게 부르는 것이다. 사실이다. 나는 욕을 잘하는 편이다. 세상 사람들이 답답하게 굴 때, 아무리 이야기를 해도 못 알아들을 때 욕으로서 설명을 한다.
　내가 처음부터 욕을 잘한 것은 아니다. 부산 극동호텔에 민예사를 열었을 때 일이다. 우리 가게가 워낙 장사가 잘되자, 주변 사람들이 시기를 하기 시작했다. 젊은 여자가 혼자 몸으로 장사를 한다는 게 고깝기도 하고 만만해 보이기도 했는지, 바로 옆에서 가게를 하던 남자가 하루는 도끼를 들고 와서 행패를 부리는 것이었다. 차마 입에 담지 못할 욕설을 퍼부어 댔다.
　나도 욕지거리로 대거리를 해야 하는데, 욕이 입에서 나오지 않았다. 그런 남자들의 세계를 처음 접해 본 나는 그냥 어이없이 바라만 볼 뿐이었다. 파출소에 신고를 해도 소용이 없었다. 욕도 한 번 못해 준 것이 억울했다.

그 후부터 욕하는 연습을 했다. 방 안에서 혼자 큰소리로 욕을 하고 있는데, 동네 사람들이 듣고 몰려와 저 여자가 혼자 살더니 드디어 미쳤구나, 하면서 마당에서 웅성대기 시작했다. 내가 문을 열고 나가면서, "욕을 하려고 해도 나오지 않아 연습했어요." 하자 마을 사람들은 모두 박장대소를 했다. 그때부터 욕쟁이라는 별명을 얻게 되었다. 그러나 욕을 연습했다고 해서 욕이 바로 나오는 것은 아니었다. 어느 날 한 사람이 부아를 치밀게 했는데, 나도 모르는 사이에 봇물 터지듯 나와 버렸다.

그러나 욕은 그냥 욕이 아니다. 나름대로 다 뜻을 담고 있어 명언이라면 명언이다.

1980년대 초쯤의 일이다. 경주시로부터 경상북도 민예품 경진대회에 출품해 달라는 요청을 받고 찻주전자를 만들어 출품했는데, 낙선의 고배를 마셨다.

그 이듬해 찻사발을 만들어 또 출품하여 입선을 했고, 그 이후부터 매양 입선만 하는 것이었다. 심사 위원에게 왜 내가 입선을 했는지 설명을 해달라고 했다. 그랬더니 심사 위원은 아무 말도 못하고 있었다.

"왜 입선을 했는지 설명을 해주지 못합니까? 작품의 가치를 모르면 낙선을 시키지 입선이란 게 도대체 무엇입니까?"

이렇게 따져 묻고부터 내 작품은 내내 낙선만 해 더 이상 출품하지 않았다.

그 후 심사 위원이 하도 작품을 모르니까 웃기려고, 또 그들이 작품을 보는 눈이 있는지 없는지 시험을 해보기 위해 찻주전자를 만들었다. 그냥 평범한 찻주전자가 아니라 물이 나오는 꼭지를 남자의 성기 모양으로 빚고 주전자에 한시를 지어 넣었다.

한 마디로 '좆도 모르는 게 심사 위원이다.' 하는 것을 빗대어 만든 것이었다.

大夢誰先覺　큰 꿈은 누가 먼저 깨달았는가
平生我自知　평생을 두고 스스로 알아야 할 것이다

시에서 그의 무지함을 꼬집고, 음(陰)에서는 남자의 성기를 가리키는 자지(自知)라는 구절을 넣어 중의적으로 사용했다. 찻주전자는 음을 상징하고 물이 나오는 꼭지는 양을 상징하니 세상의 이치는 음양의 조화로 이루어진다는 의미를 부여했다.
　주전자의 물꼭지를 성기 모양으로 만들었기 때문에 심사 위원이 한시와 연결해서 볼 수 있는지 알기 위해서였다.
　하지만 그 주전자를 출품하지 않았다. 출품한들 알 수 있을까 하는 생각에서였다. 그 주전자는 아직도 내가 보관하고 있다.
　내가 욕을 하는 것은 이런 식이다. 원리 원칙에 어긋나는 일, 원리 원칙을 모르고 저지르는 잘못을 할 때 쉽게 설명하기 위해서 욕으로 대신한다. 나는 잘못된 일을 보면 바로 그 자리에서 짚어 준다. 어떤 사람들은 그것 때문에 나를 멀리하기도 한다. 그러나 상관없다. 잘못을 알고도 덮어 주는 것보다는 낫고, 또 나중에 깨달았을 때 옳은 말이 될 것이 틀림없기 때문이다.
　나에게 더러 다도를 배우거나 전통 가마를 배우러 오는 사람들이 한두 달 배우고 돌아가서는 자기가 마치 다 아는 양 강의를 하고 다니는 경우가 있다. 그러나 그들은 겉핥기식으로 배운 것이기 때문에 실로 그것을 안다고 할 수 없다. 다도를 가르치면 속 깊은 뜻은 이해하지 않고, 겉으로 드러나는 형식만을 배우고 안다고 하는 것이다. 모르는 사람이 모르는 상식을 퍼뜨리면, 그것을 들은 사람은 더 모르는 사실을 가지고 또 퍼뜨리게 된다. 이게 바로 질서를 어지럽히는 일이다.

그런 일을 하는 사람들에게 가차 없이 욕을 한다. 그러다 보니 어느새 욕쟁이 할머니가 되고 말았다. 사람들이 나를 그렇게 부르는 것에 크게 개의치 않는다. 오직 진실만을 추구할 뿐이기 때문이다.

한평생 정호다완의 정신을 추구하면서 사기장들의 욕심 없는 삶이 내 생활 깊숙이 배었다. 나는 정말 다른 생각 없이 오로지 정호다완의 재현을 위해 온 신경을 쏟았다. 한 분야를 이렇게 오래 파고들다 보니 나름대로 이름이 생겨 여기저기에서 명인이나 인간문화재 추서를 하겠다고 찾아오지만 거절해 버린다. 인간문화재나 명인을 추서한다고 하지만 도대체 누가 올바른 평가를 할 수 있단 말인가.

인간문화재라는 말도 참으로 마음에 들지 않는 말이다. 순전히 모순 덩어리이다. 문화재라는 것은 남아 있는 유산이나 유물이다. 그런데 인간은 죽으면 그뿐인데 어떻게 문화재라고 이름 붙일 수 있는지 정말 웃지 않을 수 없다. 이렇게 불평불만투성이라서 나를 욕쟁이, 경주의 트러블 메이커라고 하는지도 모르겠다.

나는 친구가 그렇게 많지 않다. 친구는 서로 대화를 나눌 수 있는 상대라야 친구라고 할 수 있는데, 그런 사람은 많지 않다.

그 전에도 다완 빚기에 몰두를 하다 보니 사람들을 금방 잊어버려 더더욱 친구가 드문 편이다. 이야기할 친구가 없다. 혼자일 때 주로 노래를 부른다. 시조도 읊고, 가곡도 부르고, 유행가도 부른다. 그렇게 노래를 부르고 나면 몸이 가뿐해짐을 느낄 수 있다.

무초(無草)라는 호

나는 꿈을 많이 꾼다. 거의 매일 밤 꿈을 꾸는데, 그 꿈들을 매일매일 기록하고 있다. 이야기들이 재미있는 것도 있고, 엉뚱한 것도 있는데, 어떤 꿈은 미래를 예시하는 것도 있다.

내 호가 무초(無草)인데, 이 호도 꿈 때문에 생긴 것이다.

30년 전의 일이다. 하루는 잠을 자고 있는데, 다섯 사람이 나에게 오더니 자신들은 하늘에서 온 사람들이라고 소개를 하면서 호가 무엇이냐고 물었다. '유청(裕靑)'이라고 대답을 하자 그들은 나에게 '무초'라는 호를 쓰라고 했다. 유청이라는 호는 윤경렬 선생이 자신과 지인들의 일파라는 의미로 청(靑)의 돌림자를 써서 지어 준 것이다. 굳이 뜻을 풀자면 너그럽고 맑은 사람이라는 뜻이었다. 그 호가 참 마음에 들었는데, 꿈에서 무초라는 호를 쓰라고 하니 의아했다.

우선 무초라는 뜻을 알 수 없었다. 처음에는 '베사메 무초'의 무초인가 하면서 그냥 꿈속의 일로만 여겼는데, 자꾸 무초라는 말이 떠올랐다.

3년을 두고 그 뜻을 생각했다. 무초는 없을 무(無)에 풀 초(草)라는 생각이 들었다. 아무것도 없는 것에서 풀이 돋아나 자란다는 뜻이었다. 풀은 처음으로 시작되는 생명체인 걸 보면 없는 것에서 새로이 만들어 낸다는 뜻이 일깨워졌다.

그 뜻을 새기고 보니 그 호는 내가 할 일을 빗대어 하늘이 정해 준 것이라는 생각이 들었다.

당시 내 상황에서 너무도 알맞은 것이었다.

아무것도 아는 것이 없고, 아무에게도 배울 수 없는 전통 가마를 시작했고, 아무도 모르는 정호다완의 뜻을 찾아 사발 빚기를 시작한 것 등 모두가 무(無)의 상태였다. 본 바가 없었고, 가르쳐 줄 사람이 없었던 것이다. 그 상태에서 정호다완의 뜻을 생각해 내고, 전통 가마로 재현하려고 마음먹었다. 그러니 처음 지상에서 생명이 소생하는 것과 같은 뜻이라는 깨달음이 왔다. 또한 내가 최초로 다도라는 문화를 우리나라에 들여왔고, 최초로 들차회를 만들고, 황토방을 만들고, 정호다완을 재현하는 것은 모두 아무것도 없는 데서 시작된 것으로 그 꿈이 헛된 꿈이 아니었다고 할 수 있다.

또 사발이라는 것은 무엇인가? 그것도 무형의 흙에서 비롯되는 것이 아닌가?

그 뜻을 깨우치고 나니 무초라는 호가 너무도 마음에 들었다. 그때부터 무초라는 호를 쓰기 시작했다.

호를 쓸 일이 크게 없지만, 작품을 빚고 나면 작품에다 호를 새겨 넣을 때가 있다.

성형에서부터 시작해 가마에서 구워서 나올 때까지 모든 과정을 혼자서 만들면 그 작품에는 새등이요(史等伊窯)에서 사(史) 자만을 써넣고, 제자들과 어울려 만든 작품에는 사무초(史無草)라고 새겨 넣는다.

호처럼 꿈속에서 현몽을 해 실행한 일이 또 하나 있다. 새등토속음식점을 연 일이 그것이다. 꿈에 최제우 할아버지가 홀연히 나타나 수수께끼 같은 말을 남겼다.

"우물에 8정각을 지으면 죄는 밑에 가라앉는다."

그 뜻은 정말 알 도리가 없었다. 그 수수께끼 같은 말의 뜻을 알기 위해 5년이 걸렸다.

8정각이라는 것은 불교에서의 8정도(正見, 正語, 正業, 正命, 正念, 正定, 正思惟, 正精進)를 말하는 것이라는 생각이 들었다. 8정도를 지키면서 물로써 다루는 일을 하라는 뜻 같았다. 물로써 다루는 일은 음식을 만드는 일이 아닌가. 그래서 '새등토속음식'을 냈다.

굳이 식당이라는 말을 쓰지 않고 '음식'이라고 한 것은 모두가 식당이라는 말을 아무렇지도 않게 붙이는 것을 보고 차별성을 두기 위한 것이다. 식당이라는 것은 무엇인가? 사람들이 연명하는 음식을 먹는 전당이다. 그렇게 소중한 뜻을 가졌기 때문에 식당을 하는 사람들은 음식을 아주 진실되게 만들어야 한다. 화학조미료를 함부로 쓴다거나, 비위생적으로 한다거나, 손님을 그저 돈벌이의 대상만으로 생각하는 것은 식당이 아니다.

그런데 요즈음은 음식점을 내고 너나없이 식당이라고 붙이니 참으로 안타깝다. 그래서 그런 식당들과는 다르게 하기 위해 '음식'이라고 붙인 것이다.

음식점은 내가 직접 하지 않고 일해 주는 사람을 두어 그들이 다 관리하도록 하였다. 그들에게 이런 이야기를 했다.

"이 음식을 먹은 사람들이 즐거운 마음을 가지게 되면 자신은 또 얼마나 즐거운 일이 될 것인가. 항상 그런 마음가짐으로 음식을 만드는 것이 즉 보시이다."

그리고 화학조미료를 쓰지 않고 순전히 자연에서 얻은 재료만으로 맛을 내도록 했다. 음식을 먹음으로써 건강해져야 한다는 생각 때문이었다.

그런 마음가짐으로 성심을 다하게 하니 자연히 손님이 많이 찾아들었고, 그 덕분에 식당 일에 관여하지 않고 작품 생활에 더욱더 몰두할 수 있었다.

그러나 처음에는 사람들이 많았지만 나중에 이 부근에 식당과 도자기 촌으로 형성되면서 조미료를 넣은 식당들이 많이 늘어났다. 자연히 우리 음식점은 손님이 줄어들었다. 요즈음은 가정에서도 화학조미료를 많이 사용하기 때문에 사람들이 조미료의 입맛에 젖어 본질의 진미를 잃어버렸기 때문이다. 우리 집에 오는 사람들은 몇 년을 단골로 찾아오는데, 그들이야말로 음식의 진미를 아는 분들이다.

내가 만난 사람들

이당 김은호 선생

　문화재에 대한 관심이 유달랐던 나는 양장점을 운영하면서도 문화재 강의가 있으면 열 일을 젖혀 두고 강의를 들으러 다녔다. 또한 문화인들도 끈질기게 만나러 다니곤 했다. 그때 만난 분들 중에 장주근 박사, 유엽 시인, 김상옥 시인 같은 분들이 있다.

　민예사를 하면서도 정말 좋은 분들을 만났다. 그분들과는 때로는 친구로, 때로는 스승과 제자로 만나면서 아직까지 친분을 나누고 있는 분들이 많다. 특히 일본인 친구들은 민예사 시절 관광객으로 우리나라를 찾았던 사람들인데, 몇몇 분들과는 지금도 친목회 회원으로 만남을 갖는다.

　그렇게 만난 분들 가운데 가장 잊을 수 없는 분은 이당 김은호 선생이다. 이당 선생은 근대 최고의 화가이며 인간 국보로, 산수화, 인물화, 화조도, 초충도, 사군자 등 모든 분야의 그림을 다 능히 그려 냈던 분이다. 절묘한 화법과 특이한 화풍으로 한국 화단에서는 손꼽히는 거장이다.

이당 선생은 민예사에 자주 들러 주셨는데, 나를 수양딸로 삼으실 정도로 아끼셨다.

선생은 내게 종종 그림을 그려 주셨다. 그 그림을 받아 다른 사람에게 주었다. 그때 나는 순진한 나머지 선생의 그림을 내가 혼자 갖고 있으면 안 되는 줄 알았고, 또 존경하는 분의 그림인데 돈을 받고 팔아서도 안 되는 줄 알았다.

그렇게 내가 사람들에게 그림을 그냥 준다는 것을 아신 선생은 답답하셨던 모양이었다.

하루는 우리 집에 오셔서는 산수화를 한 점 그려 주시면서 말씀하셨다.

"이것은 돈 많이 받고 팔아."

선생의 말씀을 듣고 그제서야 돈을 받고 팔아야 한다는 사실을 알았다. 예술가들도 돈이 있어야 살 수 있는 게 아닌가? 존경하는 선생의 그림을 많은 사람들이 보아야 한다는 생각과 존경하는 선생의 작품은 또 돈을 받아서는 안 된다는 생각으로 그렇게 했는데, 그것이 아니었던 것이다. 그 다음부터 예술가들의 작품을 받을 때는 꼭 성의 표시를 한다.

선생이 그려 주신 산수화를 처음으로 50만 원에 팔았다. 그중 30만 원을 선생께 드렸다.

그 후에도 선생은 내가 그림을 청탁하면 무엇이든지 그려 주셨다. 지금 나에게는 선생님의 부채 그림 단 한 점과 이당 선생이 직접 문양을 도안하신 장롱이 남아 있다. 그 장롱은 이당 선생께서 당신의 자부께 선물을 하려고 직접 문양을 도안하신 것으로, 자부께서 장롱보다는 돈을 달라고 하자 이당 선생은 나에게 장롱을 주면서 돈을 부탁하셔서 내가 간직하게 된 것이다.

영원한 친구 윤경렬 선생

윤경렬 선생은 신라문화동인회에서 알게 된 분으로 선생이 돌아가시는 날까지 친구로 지낸 사이다. 선생은 경주 남산을 발굴하는 등 신라 문화에 대해 남다른 애정을 가진 분으로 훗날 '살아 있는 신라인'으로 불렸다.

당시 신라문화동인회의 회장직을 맡고 있었다. 윤경렬 선생은 화술도 좋을 뿐 아니라 신라 역사에 대해 해박한 지식을 가지고 있었는데, 나는 그분에 대한 이미지가 무척 좋았다. 당시 신라문화동인회는 신라의 유적을 답사하고 신라의 역사와 문화를 공부하는 모임이었는데, 3년을 따라다녀야만 입회를 할 수 있었다.

신라문화동인회는 민간단체라 회원들의 회비로 운영되었는데, 회원들도 돈이 없어 문화 행사를 할 때면 쩔쩔매곤 했다.

한 해는 신라 시대 예술가를 추모하는 '신라 문화 향년의 밤'이라는 행사를 개최하면서 계림 숲에서 제사를 지내기로 하였다. 그런데 제사상에 놓을 돼지머리 살 돈이 없자 윤경렬 선생이 나에게 부탁을 했다. 흔쾌히 그 비용을 부담하기로 하고 해마다 사주기로 약속을 했다. 하지만 이듬해 시내 소아과 병원인 자모의원 원장이 부담을 하겠다고 나서 맡겨 두고 그때부터는 돈만 부조를 했다.

또 한번은 신라문화동인회에서 동화 대회를 주최하였는데, 우승기와 상품을 살 돈이 없어 대회를 치르기 곤란해지자 윤경렬 선생이 나에게 부탁했다.

"천사 같은 아이들과의 약속인데, 어찌 어른이 약속을 어길 수 있겠습니까?"

그러면서 나는 우승기와 상품을 마련해 주었다.

이후로도 윤경렬 선생은 아쉬우면 찾아와 도움을 요청하곤 했는데, 이는 다 마음과 마음이 통하고 믿을 수 있기 때문이었다.

이렇게 윤경렬 선생과 나는 친한 친구처럼 서로 허물없이 지내면서 신라문화동인회 활동을 하였다.

나는 신라 역사를 잘 모르고 있었기 때문에 윤경렬 선생이 이야기를 해주는 신비로운 신라 역사에 반해 매일 선생을 찾아가 신라 역사와 문화에 대한 이야기를 들었다.

무슨 일이든 한 번 빠지면 뿌리를 뽑는 성격이라 이때도 윤경렬 선생 집 문턱이 닳을 정도로 찾아갔다. 그랬더니 항간에는 내가 윤경렬 선생과 연애한다는 소문까지 나기도 했다. 그 일로 윤경렬 선생의 부인에게 오해를 사기도 했지만 나는 절대 부인이 있는 사람을 좋아하지 않았다. 어머니의 한을 알고 있기 때문이다. 나는 소문에 별로 개의치 않고 오로지 신라 문화 탐구에 열을 올렸다.

그러던 어느 날, 신라문화동인회에서 석기시대 유물이 있는 울산의 반구대를 답사하게 되었다. 윤경렬 선생이 신라 역사에 대해 너무나 잘 아는 것이 궁금한 나는 같은 회원이며 현재 경주문화원장인 김대중 선생에게 물었다.

"윤경렬 선생은 어떻게 저렇게 아름다운 이야기를 많이 알고 있는교?"

그랬더니 그 선생 말이 『삼국유사』에 다 나오는 이야기라는 것이다. 그 이야기를 듣자마자 답사를 그만두고 산을 내려와 현재 에

밀레 연극단의 국장인 이애자라는 회원과 함께 바로 서점에 가서 『삼국유사』와 『삼국사기』 한 권씩을 사서 읽기 시작했다. 그 다음부터는 윤경렬 선생 집에 가지 않아도 되었다. 윤경렬 선생은 작년에 돌아가셨는데, 돌아가실 때까지 그분은 경주에서 나의 유일한 벗이었다. 윤경렬 선생이 돌아가시고 나서 벗을 잃은 슬픔에 오랫동안 가슴이 아팠다.

사실 평생을 살면서 정말 허물없이 터놓고 지낼 수 있는 친구는 몇 되지 않는다. 윤경렬 선생은 그런 친구였다. 지금 윤경렬 선생은 고인이 되었지만 지난 일들을 돌이켜보면 즐겁기 그지없다.

두 스승 고모리 슈운과 하야시야 세이조

민예사를 운영하면서 많은 사람들을 만났지만 고모리 슈운 선생과 하야시야 세이조 선생은 정말 잊을 수 없는 분들이다. 내가 일본의 박물관에서 정호다완을 발견한 뒤 그것이 우리의 것임을 알고 반드시 내 손으로 되찾아야겠다고 결심했을 때, 두 사람은 스스로 스승이 되어 주었다.

두 사람 다 문화에 대한 이해가 깊은 분들로 내가 우리 문화의 원형을 찾아 헤맬 때 우리 문화의 정체성에 대해 함께 고민하면서 많은 도움을 주었다.

다도를 가르쳐 주면서 다도는 본래 우리의 문화라는 것을 일깨워 준 고모리 슈운 선생, 그리고 우리의 정호다완을 재현하는 나를 위해 아무 조건 없이 다완을 평가해 준 하야시야 세이조. 두 분은 정말 큰 스승이 아닐 수 없다.

그분들과의 인연은 민예사 시절로 거슬러 올라간다. 민예사를 운영하기 시작한 나는 한 번 우리 가게를 찾아온 사람에게는 반드시 다시 찾도록 했다. 우리 가게를 들러 준 사람들에게 명함을 받아 매일 밤 편지를 써서 우리 가게를 찾아 줘 감사하며, 다음번에도 꼭 들러 줄 것을 부탁했다. 그들이 다시 찾아오면 일일이 관광 안내를 해주면서 정성을 다했다. 그렇게 하고 나니 민예사는 날로 번창했다. 고모리 슈운과 하야시야 세이조 선생도 그런 인연으로 만나게 된 분들이다.

고모리 슈운 선생은 일본의 와비차를 전승하고 있는 분으로 다도에 쓰이는 향합 조각가였다. 나중에 일본에 가서 다도를 배우고자 할 때 그는 일본의 다도가들을 소개해 주었고, 내가 사발을 들고 찾아가자, 우리 사발에 대한 설명을 자세히 해주었다.

민예사를 그만두고 정호다완의 재현에 몰두하게 되자 나는 외화를 벌어들이지 못해 외국 여행을 자주 할 수 없었다. 그러자 고모리 슈운 선생은 편지를 통해 많은 것을 가르쳐 주었다. 우리나라 사람들보다도 우리 문화에 대해 더 깊은 애정과 사랑을 가지고 지도해 준, 지금은 고인이 된 고모리 선생은 돌아가시기 전에 내게, "내가 없으면 최 선생이 곤란해질 것인데……." 하면서 염려해 주기도 했다. 여기 선생의 편지 한 구절을 소개한다.

새둥이 도예 가마를 하신다는 소식을 들었습니다. 언제나 내가 말했듯이 한국 도자기의 형을 잃어버리지 않기를 바랍니다. 한국의 선은 직선보다는 둥근 모양으로 이것이 한국이라는 나라의 선이며 민족의 형입니다. 도자기를 빚으면서 그 속에 최 선생의 혼을, 그리고 온 생명을 쏟아넣어 보세요. 최 선생의 작품은 단지 그 형을 보기만

해도 최 선생의 것이라는 것을 알 수 있듯이 혼신을 다해 빚기를 바랍니다. (중략)

하야시야 세이조 선생도 민예사 시절의 인연으로 친구로 지내다 내 사발을 평가해 주면서 스승이 된 분이다. 일본 도쿄 박물관의 학예부장을 거쳐 부관장 자리에 오른 사람인데 다도 도구 평론가로도 활동을 하고 있는 분이다.

사발을 들고 1년에 한 번씩 20여 년 간 그분을 찾아갔는데, 그의 예리한 평가가 없었으면 정호다완 재현은 엄두도 못 낼 일이었다.

그는 때로는 질책하면서 때로는 격려하면서 20여 년 간이라는 세월 동안 변함없는 자세로 나를 위해 다완 평가를 해준 분이다.

일본의 인간 국보 즈까모도 가이시

즈까모도 가이시 선생은 일본의 도예가로 인간 국보의 경지에 오른 사람이다. 그는 내가 처음 사발을 빚어 찾아갔을 때 그릇이라는 것은 쓰는 사람이 즐거워하며 써주어야 하는 것이다, 라는 말로 사발에 대한 새로운 인식을 심어 준 분이다. 그는 꾸준히 편지를 통해 문화의 향기를 느끼게 해주고 그것의 본질에 대하여 가르쳐 주었다고 해도 과언이 아니다.

내가 정호다완 재현에 몰두하고 있다는 소식을 들은 그는 편지를 통해 격려를 해주었고, 내 사발을 본 후에 이런 말을 던졌다.

"나는 한국에서 도자기의 맥이 끊긴 줄 알았는데, 비로소 당신으로 하여금 되살아나고 있군요."

이 말을 듣고 용기를 얻어 정호다완 재현에 더욱 몰두할 수 있었다.

1

최 선생님!

아름다운 가을이 되었습니다. 지난번 방문했을 때 태풍 뒤라서 매우 청명한 하늘과 흰구름, 맑은 물이 거친 탁류를 잊은 듯 흐르고 있었습니다. 강가나 산 주변에 피어 있는 온갖 꽃들의 선명한 빛깔이 너무나도 아름다웠습니다. 그곳이 무궁화가 나라꽃이 된 곳인가요?

경주의 토함산, 석굴암 불상의 기품 넘치는 모습, 본존 주변의 벽이나 좌우의 석상이 따뜻한 미소를 머금고 자비롭게 구원하시는 것 같았습니다.

백제의 부여, 서산의 부처님도 감히 비교할 수 없는 조용하고 훈훈한 기품을 느끼게 합니다. 경주 감은사의 삼층탑의 은은한 느낌과 아름다움은 일본의 나라 교토의 부처에서는 볼 수 없는 조용한 기품이 배어 있더군요. 그런 생각이 담긴 도자기를 구울 수 있다면 다음 생애에 설사 지렁이가 된다고 해도 괜찮다는 생각입니다.

순간순간도 소중히 살펴 한순간도 훌륭한 생각을 하시는 최 선생은 참 귀한 분이라고 생각합니다. 우리의 삶이 모든 것을 깨닫지 못하고 우왕좌왕해서는 안 된다는 생각입니다.

추신: 중국 『산해경』이라는 지리책에 동해에 군자의 나라가 있으며 무궁화가 많다고 나와 있습니다.

2

경주는 벌써 겨울이 찾아 왔겠지요. 사과의 수확도 끝나고 온돌방의 땔감 준비도 끝났으며, 즐거운 겨울을 맞으시리라 생각합니다. 신(神)들과 불교 정신이 생활과 도예 속에 살아 숨 쉬는 고도(古都)에서 아름다운 나날을 보내고 계시겠지요. 한국의 청자와 사기를 생각하면 끝도 없는 상상의 나래가 펼쳐집니다. 우리들이 모르는 한국 예술 문화를 가르쳐 주십시오. 아는 것이 내일의 삶의 바탕이 되겠지요.

아득히 옛 시절 낙랑, 고구려, 신라, 백제, 그리고 고려를 생각하면 영원히 아름답고 애절하며 또한 늠름하게 흥망을 되풀이하며 훌륭히 꽃피워 왔다고 생각합니다. 일본의 역사에서 서기 550년~650년 때의 수이고 천황, 덴치 천황, 덴무 천황 그리고 그 주변 사람들은 모두 백제 사람들이 아니었을까요?

건물, 기화, 유품, 불상 등 사쿠치 천황의 수도 오오쓰의 백제사에는 호암미술관의 석상불과 완전히 흡사한 것이 많이 남아 있습니다. 또 아스카라고 하는 나라의 유적에서 한국의 문화가 수도 없이 발굴되고 있습니다. 완전히 한국 사람들에게 제압당해 있었겠지요.

아득한 옛날은 그만두고라도 이제 새로운 시야에서 친숙미를 발견하여 거기에서 새로운 문화를 만들어 내는 것이 최 선생의 의무라는 생각입니다.

다께자와 단이찌 선생과의 우정

일본의 저명한 서예가인 다께자와 단이지 선생은 내 작품을 아

주 높게 평가해 주고 일본의 우에다(上田) 화랑에서 전시회를 가질
것을 적극 추천해 준 사람이다. 처음 다완을 만들어 평가를 받고자
그를 찾아가기도 했다. 다께자와 선생은 그 후로 나와 오랜 동안
우정을 나누었다.
 그는 편지를 통해 우리의 전통문화에 대한 깊은 존경심을 보여
주었는데, 그 내용이 한국민으로서의 자부심을 느끼게 해주고 있
어 여기 싣는다.

1

 작년에 경주에 갔을 때 제게 주신 최 선생 작품, 대단히 훌륭하다
고 생각합니다. 일반적으로 일본도 한국도 현대 작가는 표면만 아름
답고 실력도 부족하며 웅장함이 없는 것이 대부분인데, 새등이의 찻
잔은 고대 한국 작품의 재현처럼 보여 대단히 기뻤습니다. 그 이후,
지금까지 애용하고 있는데, 정까지 들어 아주 훌륭한 것이 되었습니
다.
 그와 같은 찻잔을 서너 개를 제게 부쳐 주시면 우에다 화랑에서 전
시해 보고 싶습니다(중략). 부디 최 선생께서 고대 한국의 작품처럼
호탕하며, 웅장하고, 대담하며, 소박한 작품을 만들어 주셨으면 하는
바람입니다(하략).

2

 가을이 점점 깊어졌습니다. 한국에서 본 도라지 꽃과 여랑화와 금
어초의 선명한 색채가 눈에 선합니다. 사과도 벌써 빨갛게 익었겠지

요. 맑은 하늘과 뾰족한 능선, 저녁노을에 빛나는 바다, 겨우 어두워지는 밤하늘에 하나 둘 빛나는 아름다운 별!

비행기로 1시간 30분의 거리에 이렇게도 다른 곳이 있을까 하고 감탄했습니다.

그리고 최 선생 댁의 생활양식이라고 할까요, 그 온돌방은 이웃의 북한 사람이 술을 빚어 따뜻한 방에서 즐겁게 마셨을 때부터 알고 있었습니다만, 은은하게 향기 나는 돌과 책상, 격조 높은 도자기와 도편 액자, 회화 등 사람의 마음 깊은 곳을 훈훈하고 소리 없이 감싸고 있는 그 방의 모습을 참으로 부럽게 느꼈습니다.

소중한 보물 속에서 살아오신 최 선생도 여러 가지 슬픈 추억을 갖고 있으시겠지요. 하지만 그러한 속에서도 행복한 삶을 살아오신 분이라는 생각이 가슴 저리게 느껴집니다. 인간의 행복이란 역시 자신의 삶의 방식에 있는 것은 아닌지요.

벗어날 수 없는 상황 속에서도 얼마나 아름답게 인생을 완수해 가는 가를 배웠습니다. 참으로 감사드립니다.

땅에서 태어나고, 땅에서 자라서, 땅에 묻혀 갈 내 마음속에 그 그림, 그 문자, 그 가구, 그리고 그 사람들. 온 집안 그 자체가 평생의 지침이 될 것이라고 생각합니다.

아아, 조선, 돌, 흙, 재, 다시 한 번 그 집에서 숨결을 가르쳐 받고 싶습니다. 자연 속에서 태어난 자기(磁器)가 마음을 이토록 움직이게 하는 것은 아닐까요. 화학적으로 만들어진 자기는 역시 딱딱하고 차가운 것이라고 생각합니다.

진정한 계룡산을 저는 모릅니다. 최 선생께서 이것이라고 가르쳐 주시면 고맙겠습니다. 아들 눈에 비친 계룡산다운 것은 하나인 것 같습니다. 그 많은 도자기의 파편 중에서 저는 하나도 받지 않고 돌아온 것을 아쉬워하고 있습니다.

  인생에 이어지는 도자기의 조각조각은 더할 나위 없는 귀중한 마음을 소복이 쌓고 있습니다. 저도 그 자기의 조각처럼 되고 싶다고 염원하며 자기를 굽겠습니다. 아무쪼록 잘 지도해 주시기를 부탁 올립니다.

  이루 다 말할 수 없습니다만 베풀어 주신 후의에 깊이 감사드립니다. 혹시 일본에 오실 기회가 있으시면 연락 바랍니다. 그러나 지금 일본은 아무것도 없다고 생각합니다. 허무한 문명만이 헛돌고 있을 뿐입니다.

막사발의 소중한 가치를 알리기 위해

바쁜 가운데도 우리 문화를 해외에 알리는 일을 소홀히하지 않았다. 우리의 가마터를 찾아오는 사람들에게는 우리 막사발의 소중한 가치를 알리는 한편, 해외 전시도 간간이 했다.

1986년에는 일본 오사카의 도와신문사(東和新聞社)가 주최한 전승 도예 10대 작가 거장전에 출품을 했고, 1987년에는 일본 교토에서 열린 세계 역사 도시 박람회에 출품해 감사장을 받기도 했다. 전시회에서 구정사발을 보고 가마를 보러 오는 일본 사람들이 늘 북적댔다. 어떤 일본인들은 나에게 사발 빚는 법을 배우겠노라고 찾아오기도 했다. 비단 일본인뿐만 아니라 캐나다, 멕시코, 호주 등지에서 그룹을 지어 오곤 했다.

그들에게 다완은 우리의 막사발이며, 막사발을 빚은 사기장의 혼에 대한 이야기도 빠짐없이 해주었다. 그들을 통해 우리의 다도를 세계적으로 보급하려는 마음에서였다.

우리의 가마를 배우기 위해 찾아오는 일본인들을 보면서 우리나라 사람들의 무지와 무관심이 참으로 한심스러웠다. 일본인들은 남의 문화를 가지고 가서 완전히 자기의 것으로 융화해 발전시키는데, 우리는 우리의 것조차 제대로 모르고 있다는 사실이 무척 안타까웠다.

다도만 해도 그렇다. 우리나라의 차 문화는 신라 시대로 거슬러 올라간다. 기록에 의하면 중국 차를 들여와 신라 충담사에 의해 크게 일어나 화랑들도 차를 즐겨 마셨던 것으로 나타나 있다. 고려 시대에 와서 차는 일상생활에 밀착해 일반인들도 평소에 즐겨 마셨고, 다례(茶禮) 제도가 생기면서 우리 민족의 의식과 생활에 지대한 영향을 미쳤다.

이처럼 일반 민중 의식과 생활에 깊이 뿌리내렸던 다례는 조선 말기 다성(茶聖)이라 불리는 초의 선사(草衣禪師)를 비롯해 사찰이나 양반 계층을 중심으로 번성하였다. 그러나 곧 차 문화는 깊은 무덤 속에서 헤어나질 못했다. 역사적으로 보면 다례 정신이 민중의 생활 속에 올바로 스며들었을 때 안정과 풍요를 누렸고, 동방예의지국이라고 불리기도 했다.

한편 일본에서는 우리나라에서 뒤늦게 차 문화를 수입했지만 그것이 고유의 문화로 정착되면서 민족적 성격을 강화시키는 도구로 활용되었다. 그리하여 지금은 우리나라를 능가하는 독특한 문화적 전통으로 5백 년 동안 발전시켜 오고 있다.

정호다완도 마찬가지이다. 우리네 사기장이 빚은 그릇을 국보로 정하고 그것으로 다도의 정신을 이어가고 있는 일본 사람들에 비해 우리나라 사람들은 다완이 우리의 사발이고, 거기에 내포되어 있는 철학에 대해 아직 잘 모르고 있으니, 참으로 한심스럽다.

이는 조선 시대에 와서 양반과 상민으로 구분해 놓고, 글 읽는 사람만 양반으로 치고 그림을 그리거나 도자기를 굽는 사람들은 '쟁이'라고 하여 하대를 하였는데, 그것이 오늘날까지 이어져 내려오면서 우리나라 사람들이 사발의 정신이나 사발에 무관심하게 된 요인이 되었다고 생각한다.

 일본인들이 나에게 다완을 배우겠다고 찾아올 동안 우리나라 사람들은 거의 찾아오지 않았다. 설령 찾아왔다고 해도 얼마 못 가 돌아가기 일쑤였다. 욕심이 많아 큰 그릇을 만드는 것만이 장인이라고 생각하고 밥사발의 철학을 알지 못했고 알려고 하지도 않았다. 지금도 마찬가지이다.

 일본 전시뿐 아니라 미국 전시도 활발히 하였다. 1990년 하와이에서 열린 '코리아 프라자 90'에서 우리 특산품 전시회에 백자와 분청사기를 출품하고 도자기 성형 시연도 했다. 출품작 중 10점은 하와이의 푸나후 고등학교에 기증했다. 해외에 있는 교포들이 고고하고 기품이 있는 우리 민족성에 긍지를 잃지 않는 데 도움이 되었으면 하는 바람에서였다. 푸나후 고등학교에서 우리 도자기에 담긴 정신과 잿물을 만드는 법, 색깔 내는 법 등을 강연하기도 했다.

 푸나후 고등학교의 캐롤 루스 선생은 후에 나에게 여러 민족이 섞인 푸나후 고등학교 학생들이 한국의 전통적인 도자기를 대할 수 있게 되어 감사하다는 편지를 보내 주기도 하였다.

 1989년에는 미국의 포틀랜드 주에 있는 예술과학대학인 루이스 앤 클락(Lewis & Clark College) 대학에서 초청해 5박 6일간 일정으로 도자기 강의를 하기도 하였다. 루이스 앤 클락 대학에서의 강의는 캔 셔리(Ken Shores) 교수가 주선해 이루어졌다. 우리나라에 온 캔 셔리 교수는 우리 새등이요에 관광차 들렀다가 내가 만든 도자기에 감명을 받았다며 초청장을 보내 왔다.
  '가장 한국적인 것이 가장 세계적'이라는 말은 이제 너무도 흔한 말이 되었지만, 난 오래 전부터 우리 문화에 대한 깊은 애정을 가지고 오로지 우리 문화를 지키고 전승하면서 그 말을 실천해 왔다. 또한 그 말은 변치 않는 나의 소신이기도 하다.

빛깔 재현을 눈앞에 두고 찾아온 전신암

 다완의 빛깔을 찾는 데 가장 중요한 요소가 태토라는 것을 깨닫고, 그 태토로 우리의 가마가 터를 잡은 토함산의 흙이 적합하다는 것을 알아낸 나는 흙의 배합을 달리하면서 가마를 굽고 또 구웠다.
 그러나 다완의 빛깔을 얻기가 그토록 힘든 일인지. 이젠 금방이라도 마음에 드는 빛깔이 눈앞에 보이는 듯한 어느 날 또다시 병마가 찾아들었던 것이다.
 가마에 불을 때고 있었다. 이상한 것은 일을 도와주는 이웃 아주머니는 목욕을 자주 하지 않는데도 파리가 덤비지 않는데, 목욕을 매일 하는 내 몸에만 파리가 달라붙는 것이었다. 그 이유를 알 수 없었다. 지금 생각하면 내 몸속이 썩고 있었기 때문에 그랬구나 하는 생각이 들지만, 그 지경이 될 때까지 병원에서도 몰랐고, 나 자신도 몰랐다. 경주 민예사를 하기 전에 암 수술을 받은 후 3년 동안은 괜찮았다가 3년이 지난 다음부터는 계속 몸이 결리고 통증이 오곤 했다. 하도 질병에 시달린 몸이라 혹시나 또 무슨 병이 도진 것은 아닐까 하여 우리나라의 병원에서 수시로 검진을 받았지만 아무 병이 없다고 했다. 그 후 일본의 지깨이다이 요코하마 시립병원, 오다와라 사도우 병원 등 무려 세 곳에서 진찰을 받았지만 아무런 병이 없다고 했기 때문에 그렇게만 믿었다.

그러나 계속되는 통증에 혼자 부황을 붙이고 쑥뜸을 뜨면서 지냈다. 그렇게 하루하루 통증을 견디며 살아가면서도 다완을 빚으면서 깨우친 회전 원리와 그것을 바탕으로 한 새등이 다도를 정립해 틈틈이 써놓은 원고를 정리해 1993년에는 『회전이치다도』라는 책을 펴내고 들차회 활동을 시작하는 등 왕성한 활동을 했다. 그것이 무리였던지 몸의 상태는 점점 더 나빠졌다.

1994년 예순아홉이 되던 어느 날, 몸에서 냄새가 나고, 선지빛

『회전이치다도』 출판기념회 때 모습. 가운데 꽃을 들고 있는 나와 왼쪽에서 첫 번째가 외손자 윤대진, 그 옆이 외손녀 진아, 오른쪽 맨끝이 딸 영자이다.

같은 하혈을 했다. 문득 자궁암이 재발되었다는 생각이 퍼뜩 들었다. 처음 자궁암으로 원자력병원에 있을 때 자궁암 재발로 온 부인이 하혈을 하던 것을 보았는데, 그 핏빛과 같은 색깔이었던 것이었다.

그 길로 원자력 병원으로 달려가 진찰을 받았다. 결과는 전신암이었다. 마른하늘에 날벼락이었다. 병원에서는 예순아홉이라는 나이도 나이거니와 이미 온 전신에 암이 퍼져 있어 수술은 불가능하다는 입장이었다. 죽음이나 기다리라는 것이었다.

자포자기하는 심정으로 집으로 돌아왔을 때는 이미 유방까지 전이가 된 상태였다. 이렇게 되도록 혼자 암과 악전고투를 벌여야 했다. 이때 포항에 사는 제자인 정희숙이 와서 약을 달여 주고 간호를 해주곤 했는데, 정말 그의 정성은 놀라울 정도였다. 그는 10년 전쯤 우연히 우리 요에 들렀다가 사발에 대한 나의 철학을 듣고 난 후 감동을 받았다며 우리 집에 수시로 찾아오게 되었는데, 내가 암으로 투병을 하자 직접 약을 구해다 주고 성심껏 보살펴 주었다.

미국으로 이민 간 딸 영자에게는 걱정할까 봐 기별을 하지 않았다. 나중에 귀국해 그 사실을 알게 된 딸은 숨이 막히는 표정으로 울먹였다.

그렇게 정희숙의 도움을 받아 투병 생활을 하였지만 병은 점점 깊어만 갔다.

이미 한쪽 폐를 들어내 목에 담이 끓어 숨을 제대로 쉴 수가 없었다. 또 왼쪽 유방부터 암이 번져 16분짜리 뜸을 뜨니 그 자리는 암 덩어리가 없어지고, 그 왼쪽에 또 암 덩어리가 생겨났다. 그때 또 뜸을 뜨니 이번에는 몸 전체에 포도알 같은 암 덩어리가 번졌다. 목에 담은 계속 끓어올라 호흡이 가빠오기 시작했다. 사람이 죽을 때가 되면 숨이 목까지 차오른다더니, 이젠 정말 죽었구나 하는 생각이 들었다. 나도 모르게 최제우 할아버지에게 기도를 했다. 최제우 할아버지는 나의 정신적 지주였다.

"할아버지! 제가 큰일을 할 수 있다면 살려 주시고 그렇지 않으면 죽게 내버려 두십시오."

손을 모으고 간절하게 기도했다.

기도를 하던 중이었다. 갑자기 머릿속에 환상처럼 황토방에 약쑥을 깔고 불을 때고 누우면 전신 모공으로 그 약 기운이 스며들어 온몸 전체가 뜸을 뜨는 효과를 얻을 수 있겠구나 하는 생각이 퍼뜩 떠올랐다.

그 환상같이 떠오른 생각을 바탕으로 황토굴을 짓기로 하였다. 벽의 두께는 40센티미터로 하고, 지붕의 높이는 사람이 앉았을 때 머리 위로 주먹 두 개가 들어갈 만큼의 높이와 누워서 옆으로 두 바퀴 정도 구를 수 있는 넓이면 될 것 같았다.

벽의 두께를 40센티미터로 한 것은 오랫동안 황토를 만지면서 관찰을 한 결과 얻어진 혜안에 의한 것이었다. 땅을 파보면 지표면 40센티미터 깊이에서는 겨울에는 얼지 않고 여름에는 열기에 달구어지는 일이 없이 항상 일정한 온도를 유지하고 있다는 자연의 섭리치가 일깨워졌다. 집도 그 두께로 하면 항상 일정한 온도가 유지되겠다는 생각을 하게 된 것이다. 더욱이 흙집은 두께와 상관없이 공기의 유통이 되어 바깥 공기와의 온도 차이도 알맞게 유지되는 것이다.

이러한 이론을 바탕으로 이종조카인 장기학에게 내 생각을 그대로 옮겨 황토굴을 짓도록 하였다.

조카가 황토굴을 짓는 동안 당장 죽을 것 같았다. 급한 나머지

벽을 미처 쌓을 시간이 없어 조카에게 널빤지를 배 모양으로 만들어 양면의 벽이 되게 하고, 그 속에 마른 황토를 집어넣고 굴을 만들도록 하였다.

조카가 굴을 만드는 동안 가래가 또 목까지 끓어 올라오고 숨쉬기가 힘들어 중완에서 명치까지 세 군데에 3천 장의 쑥뜸을 세 번을 떠 담을 내렸다.

그것을 합치면 9천 장이 되는데, 9천 장이라는 숫자는 뜸을 뜰 때 향을 피웠는데, 향 껍데기의 숫자로 헤아린 것이었다. 두 번째 담을 내릴 때는 통증이 항문으로부터 등줄기를 타고 올라가는 느낌이 들더니 마침내 머리까지 뻗쳤다. 그것은 무엇에도 비교할 수 없는 통증이었다.

세 번째 담이 끓어오르는데, 숨이 막히고 머리의 통증이 이루 말할 수 없었다. 그때 인산 김일훈 선생의 말이 문득 떠올랐다. 인산 선생은 『신약(神藥)』이라는 책을 저술한 명의 중의 명의였다.

"급하거든 단전에 뜸을 뜨시오."

단전에 16분짜리 뜸을 뜨기 시작했다. 3장을 뜨니 통증이 등줄기를 타고 다시 항문 쪽으로 내려가고, 4장쯤 뜨자 차차 가래가 가라앉았다. 32장을 뜨니 아픔이 없어지고 창자가 훈훈해지는 것을 느낄 수 있었다.

그때 마침 황토굴이 완성되었다. 황토굴에 들어가 48장째 쑥뜸을 뜨다가 잠이 들었다.

황토방에서 도자기처럼 구워진 몸

　황토굴에 불을 넣고 약쑥을 깔고 그곳에 누웠다. 온몸은 뜸 자국으로 성한 것이 없었고, 결코 살아 있는 목숨이 아니었다. 나는 죽을 각오를 하고 황토굴에 불을 가득 넣었다. 불을 얼마나 넣었는지 방바닥의 자리는 고사하고 그 위에 깔은 요도 다 탈 지경이었다. 바닥 온도는 110도에서 120도를 왔다 갔다 할 지경이었고, 실내 온도는 28도에서 32도 정도가 되었다. 하지만 세포가 죽어 있어서 뜨거움을 느끼지 못했다. 오히려 난 불을 더 넣어 달라고 했다.
　가만히 있어도 비 오듯 땀이 흘렀다. 흐르는 땀을 수건으로 닦아서 짜내면 그 물이 큰 사발로 하나 가득 찰 정도였고, 손으로 얼굴에 흐르는 땀을 훑으면 주르륵 소리가 났다. 등줄기를 타고 흐르는 땀은 마치 벌레가 기어가는 듯 스멀거렸다.
　어떤 사람은 죽는 게 낫다고 생각하는 사람도 있을 것이다. 내 경험으로 비추어 볼 때, 이런 가마솥 안 같은 황토굴에서 견딜 수 있는 것은 마음을 비웠기 때문일 것이다. 욕심을 갖게 되면 정말 일분일초도 견뎌 내지 못하지만 마음을 비우면 그처럼 편한 것도 없다.

"여기 있어도 죽고 바깥에 나가도 죽는다. 그러면 차라리 여기서 죽으리라."

황토방에 들어가면서 내가 죽으면 그대로 묻어 달라는 유언을 했다.

황토방에서 그 지독했던 머리 통증이 또 올라올까 봐 전전긍긍했다.

일주일이 지나자 찬바람이 몸으로부터 쏟아져 나오는 것을 느낄 수 있었다. 찬바람이 바깥으로부터 들어온다는 착각이 들 정도였다. 뜨겁기보다는 차가운 기운이 들어 나는 계속 불을 더 넣어 달라고 부탁했다. 구들장에 깔아놓은 쑥이 다 타버려 불이 붙을 지경으로 구들장이 뜨거운데 자꾸 바깥에서 바람이 들어온다는 느낌이 들었다. 이불도 타고, 자리도 타고, 몸도 탔다. 방바닥에 닿은 부분이 숯덩이처럼 까맣게 변해 있었다.

매일 세 차례 뜨거운 곳에서 땀을 흘리고 난 뒤 상대적으로 덜 뜨거운 윗목에서 숙면을 취했다.

20일간을 버티니 내 몸은 마치 도자기처럼 구워졌다. 쑥뜸으로 살이 타고 황토방에서 몸이 구워지니 어찌 도자기와 다를 바 있겠는가.

20일이 지난 후 처음으로 바깥으로 나왔다. 몸이 날아갈듯 가볍고 상쾌했다. 아마 지금까지 살면서 그날처럼 시원한 바람의 맛을 본 날은 없을 것이다.

죽음의 고비는 일단 벗어난 듯했다. 황토굴에서 나와 또 다시 머리의 통증이 올까 걱정을 하면서 우선 가슴과 유방부터 만져 보았다. 그랬더니 신기하게도 가슴의 콩알만한 멍울도 유방의 고깔 같은 멍울도 모두 사라지고 없었다.

그렇게 암을 다스리고 후유증을 치유하고 나서 사발을 빚고, 들차회 행사도 여는 등 다시 왕성한 활동을 시작했다.

그러던 중 들차회 행사로 반월성에서 일을 하다 찬바람을 맞고 또 병이 났다. 경주의 동국대 병원에 입원을 하였으나 영 낫지 않았다.

그러자 외손자인 윤대진이 문병을 와서 하는 말이 "할머니는 황토방에 가야 낫잖아요."하는 것이었다. 미처 그 생각을 못했던 차에 손자의 말을 듣고 그 길로 입원실을 뛰쳐나와 다시 황토방에 들어가 몸을 회복했다.

처음 지은 황토굴은 다른 환자가 사용하다가 불을 내 버리고 새로 황토방을 지었는데, 그로부터 6년 동안 황토방에서 생활하면서 구정사발도 빚고 철학을 정리한 책도 집필하면서 생활했다. 황토방에서 생활한 후 5년 정도 지나자 건강이 완전히 회복되었음을 느낄 수 있었다. 그러나 암이라는 것은 완치되기 어려워 황토방에서 나와 생활을 하면 도로 재발하는 느낌이 든다. 지금도 무리를 하면 호흡이 가빠지고 피곤해지곤 한다. 그럴 때 황토방에 누워 있으면 30분 이내에 회복이 된다.

나는 평생 황토를 만지면서 살아왔다. 정호다완을 재현하느라 황토를 만지면서, 병이 나서 황토굴에서 생활하면서 황토의 오묘하고도 신비한 힘을 체험했다. 그때부터 시작하여 지금까지 황토방에서만 생활한다.

황토와 지장수

황토방에서 살아나오고 보니 황토의 생명력이 다시 한 번 느껴졌다. 토종 잉어를 양식하던 사람이 물이 오염되어 잉어들이 병들어 죽어가는 것을 속수무책으로 보고만 있다가, 우연히 황토에 대한 이야기를 듣고 물속에 황토를 뿌려 주었는데, 잉어들이 활기를 되찾았다는 이야기를 들은 적이 있다. 말하자면 죽어가는 생명을 살려 낸 것이다. 옛날 임금들도 심화(心火)가 일면 왕궁 속에 지어진 황토방에서 심신을 달랬다는 이야기도 있다.

나는 전신암으로 의사도 포기한 몸이었는데, 황토굴에서 20일간 지낸 뒤 암세포를 극복할 수 있었다. 또한 황토로 지장수를 만들어 마시며 건강을 유지하고 있는 것이다. 이렇듯 황토는 죽어가는 생명을 살려 내는 신비한 힘을 가진 흙이다. 이는 직접 체험을 했기 때문에 확신할 수 있는 것이다.

과학적으로 보나 종교적으로 보나 황토는 생명의 원천이다. 나는 황토방에서 암을 극복한 후 황토로 삶을 유지했다고 해도 과언이 아니다. 다행히 죽음을 모면했지만 병을 완치하는 데는 6년이나 걸렸다.

아랫배의 통증으로 견딜 수 없을 땐 황토 찜질을 하면서 통증을 견뎌 냈다. 배 위에다 황토 반죽을 올려놓고 그 위에 뜨겁게 달군 돌을 올려놓아 찜질을 하면 얼마 지나지 않아 통증이 완화되었다. 또한 몸이 피곤할 때 황토방에서 자고 나오면 씻은 듯 피로가 풀리고 원기가 회복되었다.

황토는 지수화풍 사대 요소를 다 갖추고 있는 생명의 흙으로, 같은 약초라도 황토에서 자란 것이 좋고, 차도 황토에 뿌리를 두어야 맛이 일품이며, 기도 강하다.

황토는 생명체를 일구는 기발기(氣發起) 흙이기 때문에 죽어가는 생명도 살 수 있는 것이다.

이 황토로 황토방을 만들어 살면서 꺼져가던 내 목숨을 살렸다.

지장수(地漿水)라는 말이 다소 생소한 사람도 있을 것이다. 나도 지장수라는 말을 알게 된 지는 얼마 되지 않았다. 나는 그저 황토 물이라고 불렀다.

처음 황토물을 알게 된 것은 30년 전의 일이다. 황토밭에 구덩이를 파고 음식 찌꺼기나 오물을 버렸는데, 하도 악취가 심해 묻어버리려고 황토를 삽으로 떠서 던지니 그 순간 오염된 물이 맑게 변하는 것이었다. 그것을 보고 신기하게 생각한 나는 유심히 관찰해본 결과 황토가 오물의 악취를 제거하는 역할을 할 뿐더러 썩은 물도 정화를 한다는 사실을 알게 되었다. 그렇다면 황토에 고인 물이 몸속의 병든 부분도 치유할 수 있지 않을까 하는 생각이 들었다.

그 길로 실험을 해보았다. 지상 70센티미터 아래의 깨끗한 황토를 퍼다가 약 4배의 약수에 풀어놓아 휘저은 뒤 가라앉혀 놓았더니 맑은 물이 고였다. 언제나 질병에 시달려온 나는 그때부터 황토물을 만들어 마셨다.

그러던 어느 날 문화일보의 김징자 논설위원과 신토불이학회 부회장인 이원섭 씨 등이 우리 집을 찾아왔다. 그들과 이야기를 하던 도중 이원섭 씨가 지장수 이야기를 하는 것이었다. 지장수는 내가 마시고 있는 황토물과 같은 것이었다. 전에 모 인사가 나를 보고 황토를 다루는 사람이 지장수도 모르느냐고 핀잔을 주었다. 그도 그럴 것이 나는 많은 학식을 가지고 논하는 사람이 아니라 언제나 몸으로 직접 실천하고 그 실리를 좇아가는 사람이기 때문이었다.

비록 지장수라는 말은 몰랐지만 내 관심과 관찰로 인해 황토물을 마시고 황토방을 만들어 생활해 병을 치유했던 것이다.

이원섭 씨의 말에 의하면 지장수는 『동의보감』 논수품(論水品)에 나오는 33종의 물 중 하나이고, 세종 때 편찬한 『향약집성방』 석부하품조에도 설명해 놓았고, 도홍경의 『본초학』에도 기록이 있다고 했다. 도홍경은 단풍나무에서 자라는 독버섯을 잘못 먹고 웃다가 죽어가는 환자는 지장수가 아니면 생명을 구할 수가 없다고 설명해 놓았다고 한다. 또한 유독식물 중독이나, 복어 알 중독, 아편 등 마약중독, 천재지변 등 참화로 생긴 실어증을 다스리는 데 지장수를 쓴다는 말도 덧붙였다.

그의 말을 듣자 황토의 정화 능력이 인체에도 미친다는 내 생각이 옳았다는 확신이 들었다. 황토물을 마시고 나는 암과 폐병의 고통에서 벗어났으니 말이다. 여기에서 황토물은 비록 병균은 죽이지 못하지만, 성(性)의 역기를 사라지게 하는 데는 특효가 있다는 것을 알게 되었다.

황토물의 원리를 곰곰이 생각해 보았다. 황토라는 것은 자연 세계의 사대 요소 중 지수화풍을 다 갖추고 있는 흙이다. 그것은 곧 생명의 원천이다.

그 속에 생명을 일어나게 하고 유지시키는 진기(眞氣)가 있고, 황토를 약수에 풀어 휘저어 가라앉히면 상승배회(上昇配回)의 원리에 의해 진기가 위로 뜬다는 사실을 알게 되었다. 즉 진기가 물 속에 포함되어 있다는 것이다.

황토의 진기가 위로 뜬다는 것은, 그 물은 세 번 우려 마시고 난 뒤 밑에 가라앉은 황토는 썩어 흑토가 되는 것을 보고 알 수 있었다. 이 흙에서는 썩는 냄새도 날 뿐 아니라 지렁이까지 생겼다. 반면 지장수를 우려내지 않은 흙은 1백 일간 두어도 썩지 않고, 지렁이도 생기지 않는다는 사실을 실험으로 알게 된 것이다.

그러므로 지장수를 마시는 것은 곧 진기(진기는 곧 진리)를 마시는 것으로, 요즈음처럼 각종 공해로 성기(性氣:자연 세계에서 지수화풍에 의해 일어나는 기운)가 부족한 때에 성기를 보태 주는 방법이기도 하다.

지장수는 황토가 있는 곳 밑에 고인 물을 말한다. 그러나 요즈음처럼 공해가 심할 때는 마사황토가 있는 곳 1미터 밑의 흙을 채취하여 물에 담그고 그 위의 물을 떠서 마셔야 한다. 또한 마사황토를 정확히 확인해야 하며, 1미터 깊이가 되지 않은 흙은 대단히 위험하다. 이 지장수가 필요한 것은 공해를 중화시키듯, 이를 마시면 우리 체내 역기를 중화시켜 건강을 지킬 수 있는 것이다. 황토는 역기를 중화시키는 역할을 갖고 있기 때문이다.

이렇게 황토의 진기를 우려낸 물, 지장수는 어느 약수에 비할 바가 아니다. 예부터 우리 조상들은 지장수를 만들어 사용해 왔다시피, 내가 실제 만들어 써보니 이 물은 정말 특별한 생명수이다. 나

황토방에서 새 생명을 얻은 난 그 고마움을 보답하기 위해 황토방을 지어놓고 일반 환자들에게 무료로 제공했다.

는 이 물을 마시고 황토굴에서 생활하면서 암을 치유했다.

지장수로 야채에 묻은 농약을 씻어 내는 데도 일반 세제보다 훨씬 뛰어난 세정력을 지녔으며, 그 물로 차를 끓이거나 된장찌개 등 음식 조리에 사용하면 맛이 더욱 좋아진다. 또한 무좀 등 피부질환에도 효과가 있고, 특히 지장수로 세안, 목욕을 하면 피부 노화 방지에 도움이 된다.

사실 모든 흙물은 지장수라고 할 수 있다. 그러나 성분이 다르게 될 때 지장수의 효과는 나타나지 않을 것이다. 그러므로 백암으로부터 황토가 된 흙을 많이 사용하는 쪽을 따르는 것이 올바른 것이라고 생각한다.

전신암도 극복하고

　몸이 서서히 회복되어 가면서 일생에 걸친 업(業)에 대한 생각이 고개를 쳐들었다. 내가 아직 목숨이 남아 있는 것은 그 업을 완성하라는 하늘의 뜻이라고 생각했다. 다름아닌 정호다완의 완벽한 재현이었다. 아직 다완의 빛깔의 찾는 일을 남겨 두고 있기에 나는 그렇게 끈질기게도 살아 있는 것이다.
　병마와 싸우면서 빛깔을 찾는 일은 잠시 미루어야 했다. 하지만 병이 어느 정도 치유되고 나서 다시 물레 앞에 앉았다. 그때 마침 일본 나고야에서 이또오 유지(伊藤有志)라는 도예가가 나를 찾아와 함께 작품을 만들었는데, 거기에서 용기를 얻었다.
　한창 암과 투쟁하고 있을 때 나를 본 사람들은 지금의 나를 보고 더 젊어졌다고 하지만 자연의 흐름은 거스를 수 없는 법이다.
　그래도 고집스레 물레 앞에 앉아 매일매일 성형을 했다. 주변 사람들은 일하는 것을 만류하기도 한다. 하지만 일을 하지 않을 때는 피곤함이 몰려오고 힘든데, 일을 하는 동안은 오히려 생기가 붙고 활기가 돌기 시작했다. 아무 잡념 없이 그저 성형하는 일에만 정신을 집중해 일을 하고 나면 몸은 오히려 개운해지는 느낌이 들었다.

오래 하다 보니 기술이 늘어 물레를 돌리는 것은 문제가 아니지만 원기 왕성할 때처럼 일을 할 수는 없었다. 다소 무리를 하면 피곤이 몰려오는데, 그때마다 황토방에서 땀을 푹 흘리고 나면 몸은 다시 원기를 회복했다. 그렇게 하루에 30~40개 안팎으로 성형을 해, 1년에 한두 번 정도 가마에 불을 때곤 했다.

한편, 나의 목숨을 살려 낸 황토의 신비한 힘을 나만 아는 것이 너무 안타까워 황토 강의를 하기도 했다. 하늘이 나를 살려 냈으니 그에 대한 보답을 하자는 의미였다. 황토 강의를 시작하자 많은 사람들이 소문을 듣고 찾아왔다. 매일 찾아오는 사람들을 다 수용할 수 없어 일주일에 한 번 시간을 정해 강의를 했다. 황토방을 일곱 채 정도 지어 놓고 암을 비롯한 각종 질병을 앓고 있는 사람들에게 무료로 제공해 주었다.

다행히도 많은 사람들이 우리 황토방에 와서 병을 고쳐 가지고 갔다. 유방암이 재발한 40대 여인은 황토방을 지을 여건이 안 돼 내가 일러준 대로 황토 뜸질과 지장수, 황토 목욕을 통해 한 달 만에 가슴 멍울이 많이 사라졌고 기력도 회복했다. 또 목덜미에 커다란 혹이 난 60대 남자는 황토방에서 두어 달 땀을 빼고는 혹이 크게 줄었고, 위궤양으로 고생하던 30대 젊은이도 황토 찜질과 지장수로 한 달 만에 치유했다.

물론 황토방에서 모든 질병을 다 고칠 수 있는 것은 아니다. 가벼운 질병은 거뜬히 치유할 수 있지만, 중병일 경우 나와 같은 마음가짐을 가지지 못하면 결코 고치기 어렵다. 욕심과 역심이 깃들고 배타심이 있으면 병을 고치기 힘든 것이다. 아무튼 이런 일들이 입소문을 타자 각종 매스컴에서도 나의 황토 체험에 대해 취재를 해갔다.

그런데 황토에 대한 이야기가 매스컴을 통해 알려지자 우후죽순 격으로 황토 찜질방이니 황토 아파트니 하는 것들이 생겨났다. 그러나 여기서 한 가지 알아 둘 것은 황토방은 병을 고치기 위한 것과 건강을 유지하는 것이 황토의 질과 방의 구조가 달라야 한다는 사실이다. 황토 찜질방이나 황토 아파트 같은 것은 건강을 유지하는 데 도움이 될지는 몰라도 결코 병을 고치지 못한다는 것이다.

그러나 사람들이 그러한 원리는 모르고 행하는 일을 볼 때마다 무척 안타까움을 느낀다. 모든 것은 자연의 이치에 합당해야 하는데, 모두들 조금 아는 것을 다 아는 것처럼 하면서 속임수를 쓰는 것이 참으로 개탄스럽다.

어쨌든, 그러는 중에 틈틈이 회전이치 사상을 정립해 원고로 정리했다. 그간 내가 물레를 돌리면서 깨달은 회전이치와 우주의 원리, 생활과 다도와의 연결, 황토와 지장수의 원리 등을 차례로 정리한 것이다.

제 4 부
우주 원리에서 생활까지

회전 원리의 발견

　정호다완 재현에 매달리면서 많은 것을 포기해야 했다. 민예사 시절 꽤 많이 모았던 재산은 가마를 구울 때마다 솔솔 빠져나갔다. 제재소에서 나무를 사오고, 거기다가 가마굴 크기에 알맞게 장작으로 패야 하는데, 그런 일들은 모두 일꾼을 사야 했다. 그렇게 남들이 모르게 잡비가 나가도 들어올 데는 없었다. 일반적으로 도자기를 굽는 사람은 그것을 팔아 비용을 감당하겠지만 나는 그럴 사정이 못 되었다.
　물론 초창기에는 상품성이 있는 작품을 만들지 못해서 그랬지만, 점점 기술이 붙고 작품다운 작품들이 나와도 내 작품을 사겠다는 사람은 없었다. 그도 그럴 것이 도저히 값나갈 것 같지 않은 막사발이었으니 우리나라 사람들의 눈에 그것이 좋아 보일 리가 없을 터였다.
　우리나라 사람들은 흔히 도자기 하면, 청자와 백자, 분청사기 정도로 생각한다. 그러니 아마 나이 든 사람들은 어릴 적 부엌에서 사발로 쓰기도 했던 이런 막사발을 가치 있게 여길 턱이 없었다. 흔하지만 늘 말없이 자신의 역할을 다하는 사발 이면의 철학을 알지 못했기 때문이다. 더욱이 우리나라는 다도라는 명칭조차 없었으니 사발의 철학을 알 리 없었다. 그러다 보니 내가 빚는 사발은 사람들 보기에는 아주 값어치 없는 도자기이기 때문에 그냥 주어도 탐탐치 않게 여길뿐더러 그것을 사겠다는 사람은 더욱 없었다.

하지만 일본 사람들이 우리 요에 와서 보고는 내 작품을 원하는 사람들이 점차로 생겨났다. 특히 요코하마의 오가와(小川) 씨는 나를 많이 도와주었다.

한 번 가마를 구울 때 제대로 된 작품은 한두 점에 불과하다. 대개 3백~4백 개 정도의 사발을 빚어 비로소 한 점을 얻고, 그나마 상품성을 지닌 작품들은 30~40개를 넘지 못한다. 그것도 초창기 내 안목으로는 그릇이 반듯하고 깨끗하면 좋은 줄 알고 30~40개 정도였지, 지금은 안목이 높아지고 분별력이 생겨 진실로 마음에 드는 작품은 단 한 점을 얻기가 힘들다.

그렇게 귀하게 만들어진 사발들도 그 가치를 인정받지 못해 사가는 사람이 없으니, 재산도 점점 줄어들 수밖에 없었다. 물론 정호다완을 팔기 위하여 재현한 것은 아니지만 가마에 불을 넣을 때 드는 비용마저도 충당을 못하는 실정이었다. 다행인지, 그나마 일본 사람들이 사발의 정신을 알고 소개해 주어서 사발을 사가곤 했다.

정호다완을 재현하면서 잃은 것은 비단 돈뿐이 아니었다. 명예와 사람도 포기해야 했다. 사람 만나는 일도 줄이고, 각종 바깥 활동을 자제하면서 오로지 정호다완에 몰두를 하였다.

그러나 그 모든 것을 잃고, 또는 포기하면서 더 많은 것을 얻었다. 어쩌면 젊은 시절부터 그렇게 많은 병치레를 하고, 가당찮은 일을 겪은 것은 모두 정호다완을 빚는 길로 들어서기 위한 하나의 과정이었다고 여겨진다. 그것은 다완을 빚으면서 터득한 회전 원리 철학을 얻기 위한 과정이었다고 해도 결코 과언이 아닐 것이다.

회전 원리라는 말은 물레를 돌리면서 발견을 했기에 그렇게 이름을 붙였다. 이 회전 원리에서 사고의 확대를 통해 우주의 원리를 생각해 내게 되었다.

나는 무슨 일이든 관심을 가지고 관찰을 하는 버릇이 있다. 물레를 돌리면서도 마찬가지이다. 어느 날 물레를 돌리면서 아주 흥미로운 사실을 발견했다.

물레 가운데에 사발을 놓고 돌리면 아무리 빠른 회전에도 사발은 떨어지지 않고 잘 돌아가는데, 중심을 약간 벗어난 데 놓고 물레를 돌리면 사발은 두 바퀴도 채 못 돌고 떨어졌다.

"아하, 사람의 삶도 이와 같은 것이구나."

바로 그것이었다. 중심이라는 것은 핵심이다. 어느 것에도 치우치지 않은 중간, 그것은 곧 진리였다. 사람이 진리에 따라 살면 탈이 생기지 않는데, 그것을 벗어나 사람의 생각대로 움직이면 반드시 탈이 나는 것이다. 즉, 순리행을 하라는 것이 바로 그것이다. 순리행은 삶의 길이고, 역리행은 죽음의 길이다. 순리행은 진기(眞氣)를 발생시키고, 역리행은 역기(逆氣)를 발생시키기 때문이다.

생각이 여기에 미치자 순리와 역리에 대한 생각을 했다. 중용을 지키는 것도 중용이 어디에서부터 비롯된 것이라는 것을 알아야 했다. 순리에 따르라는 것도 무엇이 순리인지 알아야 하는 것이다.

사고에 사고를 거듭해 순리는 곧 우주 원리의 흐름이 이어지는 것이라는 데 생각이 미쳤다. 우주의 원리라는 것은 모든 생사물이 생성되는 근본이다. 그리고 그 원리로부터 이어지는 흐름으로 하여 생명체가 발생하고 사라지는데, 순리를 따르라는 것은 그 흐름을 따르라는 것이라는 생각이 들었다.

회전 원리에서 우주 원리까지

 우주가 생성된 원리를 생각하면 그것은 곧 생명체들의 생성 원리였다. 그것에 대한 생각을 하다가 물레의 회전에 의해 하나의 그릇이 만들어지는 과정과 연관을 시켜 생각해 보았다.
 아무 형체가 없는 무형의 흙에서 회전에 의해 형물이 만들어지는 것을 관찰하다 보니, 그것이 곧 우주의 생성 원리와 맞닿아 있다는 생각을 하게 되었다. 이는 모든 생명체의 생성 원리라고도 할 수 있다.
 우주의 근본 이치는 회전하는 원리에 의해 모든 것이 좌우되고 있다. 그리고 회전 원리는 변회변화(變回變化 : 모든 회전이 변화를 가져 오는 것이다)에서 변동변발(變動變發 : 한 바퀴 도는 데서 변화하고 발리되고 흩어져서 사라지는 것)까지 동일한 원리로 작용하고 있다. 그렇기 때문에 사발의 생성 원리에서 우주의 생성 원리를 연결할 수 있으며, 사발은 곧 우주 원리의 증물(증거물)이라고 할 수 있다. 그것은 사발을 만드는 과정에서의 흐름이 우주 원리와 같고 거기에 밥을 담아 먹으니 생명을 이끌어가는 바탕이 되고, 그것으로 인해 먹고 살아 생로병사하니 우주 원리와 같은 것이라고 할 수 있다.

이러한 회전 원리에 의해 우주가 생성되고, 세계가 만들어지고, 생명체가 발생하는 것이다. 그러므로 회전이 없으면 모든 생사물은 생겨날 수도 없고, 사라질 수도 없는 것이다.

보다 자세하게 설명을 해보면 이렇다. 먼저 알아 둘 것은, 여기에 쓰는 용어들은 내가 스스로 생각해 거기에 합당한 단어를 만든 것이다. 다소 생소한 부분이 있더라도 독자들은 이해를 하기 바란다. 이는 지금까지 이런 이야기를 한 사람이 없었고, 순전히 독창적인 생각에 의한 것이므로, 내가 합당한 말을 찾을 수밖에 없었음을 밝혀 둔다. 때때로 나의 사상, 생각은 불교나 기독교에서 말하는 진리와 비슷한 점을 찾을 수 있다. 회전 원리는 불교에서 말하는 윤회와 맞닿아 있고, 기독교에서 하나님이 세상을 창조했다는 이야기와도 다를 바 없다. 단지 그 표현의 방법이 다를 뿐이고, 기독교와 불교에서 말하는 것과 다른 점은 원리를 공개하고 안 하고의 차이라고 생각한다. 내가 생각한 우주의 원리는 이렇다.

우주에서 생활까지

宇宙世界無形局 (우주세계무형국)

宇宙一大 圓頭理　　(우주일대 원두리)
圓中原理 應御理　　(원중원리 응어리)
回轉理致 最强早　　(회전이치 최강조)

우주는 하나의 큰 원두리요.
둥근 가운데 원리가 응어리로 담아져 있고
그 응어리가 가장 빠른 회전으로 뭉쳐진 것을 이치라고 한다.
이것이 우주 세계이다.

太極世界有無形局 (태극세계유무형극)

無形眞逆 變回締　　(무형진역 변회체)
理太緣球 有無星　　(이태연구 유무성)
回轉發炲 空歷成　　(회전발화 공덕성)

우주로부터 이치가 뭉쳐져서 태리를 이룬다.
태리가 뭉쳐진 것이 응어리이고, 응어리가 흩어지고 사라지는데,
그중 강한 불이 붙는 응어리가 있고, 그것이 발화성이다.
따라서 있고 없고가 생기는 세계가 태극 세계이다.

三星世界來理氣 (삼성세계내리기)

太理致續 星造性　　(태리치속 성조성)
有如無如 現火散　　(유여무여 현화산)
先次三消 太月地　　(선차삼소 태월지)

태극 세계로부터 이어지는 태리치는 별을 지어 만드니
있는 것은 사라지고 다시 어우러 나타나서 생긴 별 중에
분리되어 나타나는 것이 태양, 지구, 달, 삼성 세계로다.

三世界正立 (삼세계 정립)

宇宙三於 三世界　　（우주삼어 삼세계）
含有去發 三形續　　（함유거발 삼형속）
九宮空合 回化變　　（구궁공합 회화변）

우주, 태극, 삼성으로 이루어진 삼세계 속에는
일어나고 사라지고 뭉쳐지는 것이 포함하여 하나의 세계 속에 세 가지 변화가 일어나고, 이를 합한 것이 변회변화로 아홉 궁을 일으키도다.

自然世界 (자연세계)

地上十宮 事物體　　（지상십궁 사물체）
土水火風 發㳀氣　　（토수화풍 발화기）
星中合氣 太月地　　（성중합기 태월지）

지상의 모든 사물체로 하여 생물이 일어나는 것은
지수화풍의 십궁으로 하여 합기화로 발기되는 삼성내리기로다.
별 가운데 태양, 달, 지구의 합기체의 회전으로 형성되는 것이 자연세계이다.

生活世界 (생활세계)

三星合致 發㳀氣　　（삼성합치 발화기）

四大要素 來理氣　　（사대요소 내리기）
先消地發 磨砂氣　　（선소지발 마사기）

태양, 달, 지구가 합치하여 내리기(來理氣)를 일으키니
자수화풍 사대 요소가 중화되어 생기로 변화되는데,
그중 최초의 것은 마사황토에서 만들어 내도다.

地上初現生物體 (지상초현생물체)

終火有至 眞磨砂　　（종화유지 진마사）
先流熔岩 逆氣發　　（선유용암 역기발）
三氣合致 生死路　　（삼기합치 생사로）

태양계 불덩어리 마지막까지 유전된 것 백암으로 진기 일어나고
먼저 녹아 흐른 용암에서 역기가 일어나서
화기, 지기, 수기 세 기운 합치하여 낳고 죽는 생사의 길 된다.

生物構成體 (생물구성체)

眞氣卽活 性氣化　　（진기즉활 성기화）
逆氣卽活 老氣化　　（역기즉활 노기화）
一回終屬 新氣發　　（일회종속 신기발）

진기는 살아 활성화됨에 성기(性氣)로 화하고
역기가 살아 활성화됨에 노기(老氣)로 화하는데

한 번 돌아 마침에 이어서 새로운 기(氣) 일어나도다

生命體 (생명체)

眞氣逆氣 氣性化　　(진기역기 기성화)
地現始初 現像物　　(지현시초 현상물)
口食蓮命 生命體　　(구식연명 생명체)

진기 역기 모여서 기성(氣性)으로 화하니
땅에 비로소 처음 현상물이 나타나고
다음은 입으로 먹어서 목숨을 연명하는 생명체가 이어지도다.

生活 (생활)

相對性生 活氣體　　(상대성생 활기체)
生死一路 變氣體　　(생사일로 변기체)
最後頂上 回下路　　(최후정상 회하로)

성기와 생기가 합동하여 활기를 일으키니
생과 사 한줄기로 기운 변화 거듭하고
마지막 정상에서 다시 원으로 돌아 하강하여 사대 요소로 돌아간다.

心回轉 (심회전)

本心本性 正心回　　(본심본성 정심회)

逆心持有 病氣招　　(역심지유 병기초)
回轉宇宙 連結實　　(회전우주 연결실)

본심본성 갖게 되면 바른 마음으로 돌아오고
역심을 가지면 병의 기운 부르나니
이 모든 것 회전하는 우주에서 이어지는 흐름의 연결이로다.

文化(문화)의 發達(발달)

男女合房 成熟取　　(남녀합방 성숙취)
初生産子 連作行　　(초생산자 연작행)
雅樂舞踊 母乳食　　(아악무용 모유식)

남녀가 합방하여 생명을 잉태하고
처음 낳은 아이 울며 움직이고 젖을 먹으려 드니
이것이 아악, 무용, 음식의 삼대 문화(三代文化) 근본 되네.

이것을 풀이하면 다음과 같다.
　우주는 하나의 큰 원두리(圓頭理)이다. 이 우주의 세계는 무형의 세계이다. 아무것도 없고 오직 원리만 존재할 뿐이다. 원리는 최고로 빠른 회전에 의해 응어리를 맺는데 이를 이치(理致)라고 한다.
　사실 우주의 원리는 멀리 있는 것이 아니다. 늘 우리의 곁에 있다. 우주 공간 속은 원리로 가득 차 있다. 그것이 단지 눈에 보이지 않아 마치 없는 것처럼 보일 뿐이다. 우주의 세계에서 일어나는 일

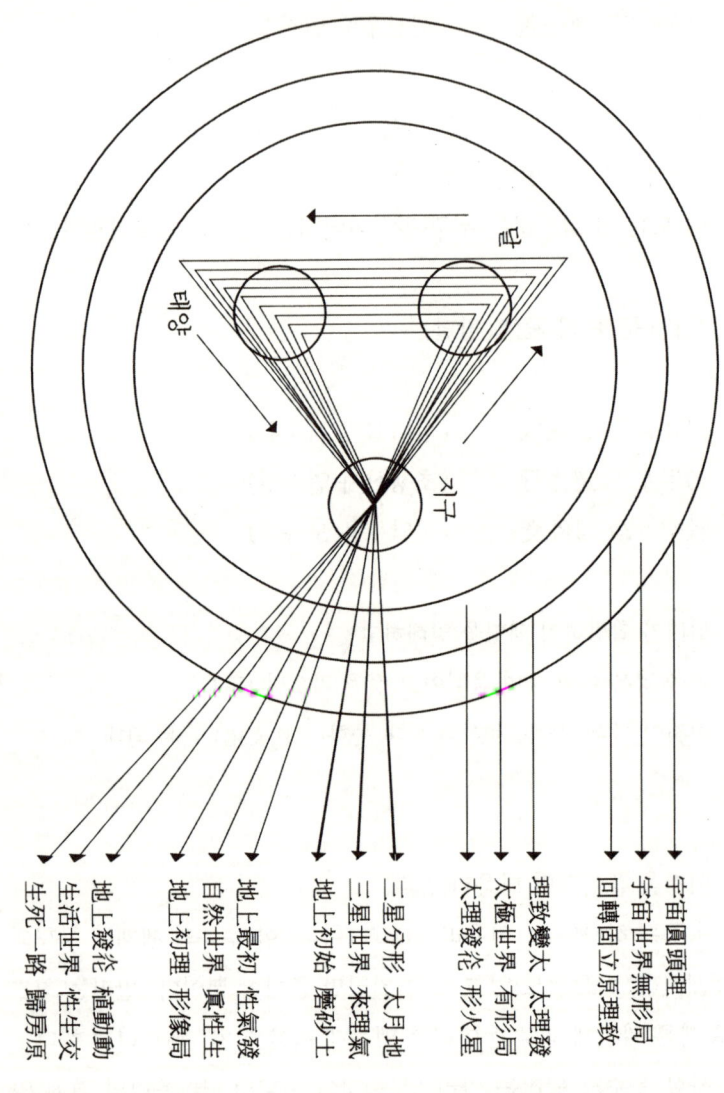

宇宙順理圖

을 나는 일회종리 신이발(一回終理 新理發)이라고 한다.

이치는 변회변화를 거듭해 유형국을 이루며 태극의 세계를 이룬다. 이때 비로소 있고 없음이 생기는 것이다. 이를 일회종태 신태발(一回終太 新太發)이라 이른다. 태극 세계에서 태(太)는 콩 태자로 콩이 거름 없이 오로지 지수화풍에 의해서만 씨앗이 발아해 자라는 데서, 우주의 원리만으로 산다는 것의 상징적 의미로 쓴 것이다.

태극의 세계에서 유형의 응어리는 다시 강한 회전에 의해 발화(發花)가 되어 별이 된다. 별에는 불이 붙어 지속되는 것이 있고 흩어지는 것이 있는데, 그중 분리되어 나온 것이 해와 달, 지구의 삼성 세계(三星世界)를 이룬다. 이 세 별은 자연 세계와 인간 세계에 가장 밀접한 관계를 가지고 있다. 이 세 별은 서로 적당한 거리를 유지하면서 중화되어 기를 일으키는데, 이것이 자연 세계로 연결된다. 이를 일회종기 신기발(一回終氣 新氣發)이라 한다.

삼성 세계에서 우주 원리로부터 이어진 내리기(來理氣)가 되면 자연 세계에서는 성기(性氣)로 변회변화한다. 이 성기는 지수화풍 네 가지 요소를 결합해 형체를 이룬다. 이렇게 자연 세계는 일회종성 신성발(一回終性 新性發)로 변회변화하여 생물 세계가 발생한다. 자연 세계의 성기(性氣)가 변회변화되어 생기를 일으키는데, 그것이 생활 세계이다. 생활 세계는 생기와 활기로써 움직이게 되고 활기가 생기면 마음이 생기는 것이다.

이처럼 우주 세계, 태극 세계, 삼성 세계, 자연 세계, 생활 세계 등 다섯 세계를 하나로 모아 놓은 것이 우주이며, 이 우주 속에서 변회변화를 거치면서 연결되는 것이 사생물의 생사일로에 해당하는 삶인 것이다.

즉, 우주의 세계는 이(理)로 변회변화되고, 태극 세계는 태(太)로 변회변화되고, 삼성 세계는 기(氣)로 변회변화하며, 자연 세계는 성(性)으로 변회변화하며, 생활 세계는 음식으로 연명하는 생기로 변회변화된다.

자연 세계의 성기(性氣)와 먹거리에서 일어나는 생기(生氣)가 중화를 이루는 것이 활기(活氣)이며, 이 활기로 활동하는 것이 생활이다.

이 모든 것은 한 번밖에 없다. 이는 곧 가장 빠른 회전으로 한 바퀴 돌아가는데 끝맺음을 하는 일회종(一回終)이라는 뜻이다. 그리고 그 형상은 진화, 진수, 진풍, 진토가 어우러지면서 회전 고립되어 만들어지는 형물이다.

이처럼 우주 세계에서 생활 세계로 하나의 흐름으로 이어지는데, 크게 세 가지로 나누어 보면 응어리가 등어리가 되고, 등어리가 형물이 되고, 그것이 활성화될 때 생물 세계가 활동을 하는 것이다.

모든 생사물은 지수화풍으로 맺게 된다

 우주 속에서 일어나는 회전에는 자연 회전과 인공 회전(人工回轉)이 있다. 우주로부터 이어지는 회전은 자연 회전에 속하며 그리고 변해 가는 순서가 발리(發理), 발태(發太), 발기(發氣), 발성(發性), 발생(發生), 발활(發活)로서 연결되는 변회변화(變回變化)는 생사물의 죽음까지 해당되는 회전이다.
 우주로부터 시작된 회전은 한 바퀴에서 사라지고 새로운 회전으로 이어져 간다. 우리의 삶이 한 번으로 끝나는 것은 모두 이와 같은 원리 때문이다. 생명이 한 바퀴에서 사라지고 나면 그것은 다시 우주의 원리로 돌아가 새로운 회전에 의해 새로운 생명을 만들어내기 때문이다.
 자연 회전은 가장 빠른 속도로 회전이 되어 눈으로 볼 수 없다. 반면 인공 회전은 눈으로 볼 수 있다. 이러한 사실을 연결할 수 있게 되는 증물이 있다고 하면 인간이 만든 물레(물래, 物來)와 우주로부터 만들어진 흙으로 토봉을 만들 때까지의 내력 속에서 찾을 수 있다. 즉 물래 중심에다 토봉을 올려 세우고 인수족심(人水足心)의 실행에서 일어나는 회전 진행이며, 그 속에 맺게 되는 씨알이 되는 과정이며, 형태가 일어나게 되는 형물이며, 건조에서 변형되는 모양새며, 이러한 모든 것을 들어 면밀한 관찰에서 정립되는 물증(物證)으로 설명이 가능하기 때문이다.

따라서 모든 것은 우주로부터 연결되는 회전에 의해서 좌우됨을 알 수 있다. 우주 원리로부터 시작된 회전은 변이변동(變移變動)되고 변회변화(變回變化)로 이어진다. 그리고 이 회전이 우주에서 태극까지의 변화가 연결된 것을 순리(順理)라고 하며, 그 순리라는 말은 다음 세계의 차래(次來)로 엮어진다. 그 첫째가 우주 원리(宇宙原理), 우주 원태(宇宙原太), 우주 원기(宇宙原氣), 우주 원성(宇宙原性), 우주 원생(宇宙原生), 우주 원활(宇宙原活)로 엮어지며, 이것은 바로 자연 세계에서 생활 세계까지의 여섯 번의 변회변화의 이음이 따른다. 그러니까 다섯 세계 속에는 여섯 번의 이음이 따르고, 다섯 세계는 각각 삼 세계로 열다섯 번의 고비가 따르고, 생활 속에서 다시 세 고비가 따라 모두 열여덟 번의 고비가 어우러지는 변회변화가 일어나면서 이어진다. 그것은 하나의 세계 속에 세 번에 해당되는 형국과 흐름의 자리와 연결되는 이음으로 변회변화가 세 번의 고비가 따르기 때문이다.

첫째, 우주 세계의 고비는 원리가 어우러지는 것이 응어리(應御理)가 되고, 응어리가 어우러지는 것이 이치(理致)에 속한다. 이러한 흐름의 내력은 우주 세계에 해당되고 형국은 무형국(無形局)에 속하고 흐름의 자리는 무순무도(無順無道)이다. 이것이 바로 우주 세계에서 연결되는 이음이 이치이다.

이 이치가 어우러지는 데서 변회변화를 일으켜 변태(變太)로 일어나게 된다. 이것을 들어 태리(太理)라 한다. 이 태리는 곧 이치가 어우러지는 것과 같이 등어리(等御理)로 뭉쳐진다. 뭉쳐진 등어리는 공회전(空回轉)으로 인하여 발화(發炎)를 이루게 되고 이 불덩어리로 변경(變更)되는 등어리가 발화성(發炎星)이 된다. 이 발화성이 별이라고도 하지만 다음 세계로 이어지는 뜻에서 태리치(太理致)라 하며 이 세계를 태극 세계라 한다. 이 태극 세계 속에는 형국을 눈으로 볼 수 있는 것과 볼 수 없는 것이 어우러져 유무형국(有無形局)이라 하고, 흐름의 자리는 어김없다 하여 순리(順理)와 도리(道理)라 하고, 그 이름이 태리치이다.

여기에 불이 붙게 되면 타는 것이 원칙이고, 타면 숯덩어리로 되는데, 그것이 용암(溶岩)이다. 그러니까 태양은 불덩어리로 되어 있고, 달은 불이 꺼져 가는 용암에 해당되고, 가장 먼저 꺼져 가고 있는 지구 표면은 마치 숯이 사그라지는 것과 같다.

그것이 흙으로 변회변화를 이루게 된 것이 지구 표면의 흙토이다. 이것을 삼성 세계라 한다. 그러니까 태양, 달, 지구를 뜻한다. 다시 우주로부터 이어지는 원리를 되풀이하면 우주 세계는 무형, 무순, 무도로 하여 자유자재로 태극 세계로 이어지고, 이 태극 세계부터는 무형이 유형으로 되고 유형은 사라지는가 하면 다시 생겨나는 유형으로 되는 흐름을 이루는데, 이는 순리와 도리라 하며 회전이치거산(回轉理致去散)이라 한다. 따라서 이 태극 세계는 순리와 도리가 마땅함을 갖게 하는 세계이기도 하다. 즉, 원리로 하여 태극 세계까지 일어나는 흐름을 가리켜 순리와 도리라 한다.

태극 세계에서 삼성 세계로 분리되는 데서 발화성이 일어나는데 가장 먼저 꺼져 가고 있는 발화성이 지구이며, 그리고 두 번째 꺼지고 있는 발화성이 달에 해당하며, 현재까지 불덩어리로 남아 있는 발화성이 태양이다. 우주 원두리에서 크게 나눈 4분의 1 부분을 차지하는 것이 삼성 세계이다. 추측컨대 원을 가로 세로로 나눈 후 그 4분의 1에 해당하는 부분이 삼성 세계인 것이다.

이렇게 자리잡은 삼성 세계는 태양은 바람을 일으키고, 지구는 물을 발수하며, 달은 냉기를 발한다. 이 모두는 삼성 합기로 발기(發氣)되어 서로 주고받기를 하여 나타난 결과들이다.

즉, 태양하강열광기(太陽下降烈光氣)는 지구와 달에다가 열광기를 내리비추고 있다. 그러면 지구에서는 수증기를 증발하여 달에다 비치면서 차차 흙이 되게 한다. 다시 말하면 태양하강열광기와 지구상승증기와 달의 음기가 합치를 이루는 데서 지구상에 생물이 발생된다.

그것은 사대 요소가 발기하는 데 비롯되는 회전이치거산(回轉理致去散)의 원리에 따른 것이다. 이러한 증물이 우주로부터 회전물래토봉지인수족심(回轉物來土峯之人手足心)으로 성형되는 과정을 사고와 관찰에서 찾을 수 있다.

태리치(太理致)로 이어진 삼성 세계의 형국은 사대 요소 발기(四大要素發氣) 형국이고, 그 흐름의 자리는 발화성으로부터 변회변화된 지구상의 황토가 된 자리이다. 그리고 다음 세계로 옮겨지는 이음은 내리기(來理氣)이다. 우주 원두리에서 여기까지 아홉 번에 해당되는 변회변화를 거듭한 것이다. 그리하여 열 번째의 차례가 자연 세계이다.

이 자연 세계는 최초로 생물이 지구상에 형성되는 가장 강기를 가진 백암으로부터 마사황토가 된 진기로서 일회종기신기발로 어우러 뭉쳐지는 내리기가 삼성으로부터 합기된 생명체이다. 이 자연 세계의 형국은 소생 형국이며, 흐름의 자리는 지구상의 사대 진기를 바탕으로 하여 형성되는 성의 발화물이며, 그 이음은 생명을 연명하는 먹을거리가 되는 음식이다. 그러니까 사물의 성기와 먹을거리의 생기가 중화를 이루게 된 것이 활기이다.

이러한 활기가 동작을 이루게 되는 것이 곧 생활이다. 이렇게 보면 생활이란 우주 세계로부터는 다섯 번째 해당되는 삶의 세계이다. 삶 속의 형국은 상호교(相互交)의 형국이며, 그 흐름의 자리는 살아가는 데 따른 터전이며, 그 이음은 생명을 이어가는 연명체이다.

따라서 모든 생물은 흙의 진기로 발화되는 성의 기와 음식물을 먹어서 되는 생기가 합하여 중화되는 활기로 연명을 하게 되고, 식물은 동물의 먹을거리가 되고, 동물은 배설물을 식물에게 돌려주면서 상호 작용을 하게 된다. 이렇게 보면 식물이 지상에서 먼저 소생되고, 그 다음에 동물이 소생된 것으로 추측된다.

이처럼 생활 세계는 서로 주고받기를 거듭하는데 동물은 이족행(利足行)으로 옮겨 다니며 식물을 뜯어먹게 되고, 식물은 부동으로 동물의 먹이가 되어 준다.

생활 세계의 형국은 먹을거리를 구하는 것이고, 그 흐름의 자리는 삶의 터전이며, 그 이음은 본 바이다. 그래서 먼저 난 사람은 선생이 되고, 나중에 태어난 사람은 그 본 바를 따른다. 본 바라는 것은 본심본성으로 움직이는 사람을 말한다. 이 본심본성은 우주 원리와 같은 진심을 가지고 있기 때문에 진리라고 하고, 이 진리는 내리기로 구성되는 성리에 따른 순서이다. 이러한 생활에는 성기, 생기가 합동으로 맺어서 변화되는 것이 활기라 했듯이 이 활기에는 진기와 역기로 엮어지면서 활기로 사라지는 끝마무리가 죽음이다. 죽으면 사대 요소로 분리되며, 흩어져 공중 공기가 되어 지

(地), 수(水), 화(火), 풍(風)으로 분리 산발된다. 여기에 좋은 공기는 우주 원리로 돌아가고, 좋지 못한 공기는 허공에 떠돈다.

　이것이 돌아가는 회전이치거산(回轉理致去散)이며, 우주 원리로부터 시작된 생명체가 변회변화로 이어지는 것이 죽음까지의 연결된 것이다.

　곧, 모든 생명은 지, 수, 화, 풍으로 분산되어 우주 원리로 되돌아가는 것이다. 예를 들면 사람이 죽으면 먼저 풍이 달아나기 때문에 목숨이 끊어지고, 다음에 화기가 달아나서 식은 시체가 되고, 일주일이 되기 전에 썩어서 물로 증발되어 우주 원리로 돌아가게 되며, 나머지 뼈마저도 오랜 시일을 두고 공중 공기가 되어 없어진다(경주 천마총에 왕릉의 무덤을 참고).

우주 원리, 그 이음의 증물들

우주 세계에서 생활 세계로 이어져 오는 것은 흐름과 이음으로 연결되어, 응어리는 뭉쳐져 덩어리가 되고 덩어리는 중화에서 변회변화로 달라지면서 이어지는 것이다.

이러한 우주 원리의 증물은 지장수(地漿水)로 연결되고, 태극 세계 증물은 흙덩어리로 연결된다. 그리고 삼성 세계는 가마 속에서 구워져 나오는 기물(器物)의 자리와 그 형태가 가꺼지는 과정에서 찾을 수 있다. 또 자연 세계는 전통 가마에서 구워져 나오는 도자기의 색으로 연결되며, 흙을 바탕으로 생산되는 먹을거리에서 생활 세계를 찾을 수 있다.

우주 원리의 증물이 지장수라는 것은 황토를 물에 풀어서 나타나는 현상을 보고 알 수 있다. 황토를 물에 풀면 굳은 덩어리, 작은 덩어리, 눈으로 보이지 아니하는 응어리 등 세 가지로 분리되는데, 무게에 따라서 굳은 덩어리와 작은 덩어리는 밑으로 가라앉고, 미세한 응어리는 가벼워서 위로 뜨게 된다. 즉 황토의 미세한 응어리는 공중부활(空中浮活)로 맴돌아 위로 뜨게 되는데 이것이 지장수이며, 이는 곧 우주의 원리와 같은 것이다. 지장토에 해당되는 황토가 좋으면 물이 달고 부드럽고 혀끝에 감도는 감촉이 맑은 공기와 같으므로 이런 황토의 진기는 우주의 원리와 같은 것이며 그것으로 눈에 보이지 않는 우주의 원리를 확인한 셈이 된다.

그러므로 지장수를 마시는 것은 곧 진기를 마시는 것으로, 요즈음처럼 각종 공해로 진성(眞性:자연세계에서 지수화풍에 의해 일어나는 기운)이 부족할 때에 진성을 보태 주는 방법이기도 하다.

생명체가 생명을 유지하기 위해서는 공기(空氣)와 음식이 필요하다. 공기 속에는 진기와 역기가 포함되어 있다. 진기는 삶의 기운이고, 역기는 죽음의 기운이다. 자연 세계의 사대 요소인 지수화풍(地水火風)이 강한 회전 고립 현상으로 형상을 만들어 내는데, 생물을 만들어 내는 것은 진수, 진화, 진토, 진풍에 의한 것이라고 할 수 있다.

우리가 말하는 황토가 생겨나는 과정을 살펴보자. 지구가 불덩어리가 되어서 탈 때 마지막에 생겨나는 것이 백화용류(白火熔流)이고, 이 백화용류가 식으면 백화용류암(白火熔流岩)이 된다. 이 백화용류암이 식어서 암석으로 굳어진 것이 백암(白岩, 카오링 원석)이다.

백암으로부터 변색이 거듭되는 덩어리는 석돌에 속하고, 석돌이 황색으로 변색을 이루면서 흙이 된 황토가 마사황토(磨砂黃土)이다. 이러한 마사황토가 되는 데는 태양의 하강열광기와 달의 음기와 지구의 상승 증기가 연합한 합기(合氣)로 변색을 만들어 내고, 이 황토에서 최초의 지상 현인물인 생물이 생겨난다. 즉, 진토(眞土), 진화(眞火), 진수(眞水), 진풍(眞風)이 발화되는 연고로 합기

(合氣)가 되어 회전 고립(回轉固立)이 일어나서 진화되어 최초의 생물이 발생하는 것이다. 그러니까 생물이란 사대 진기가 회전 고립되어 나타난 형물이다. 이 강기는 한 번밖에 없는 것이다. 이것을 지장수에 비교하면 지장수(地漿水)의 응어리는 눈으로 볼 수 없으나 자연 회전 고립으로 뭉쳐진 덩어리라는 것이며, 이것이 곧 생물의 근본이다.

지장수에서 확인한 것처럼 눈에는 보이지 않는 우주의 원리는 사실은 우리가 존재하는 어디에나 있음을 알 수 있다. 모든 생사물은 물론이고, 흙, 공기, 바람, 물, 불 속 어디에나 존재하고 있는 것이다. 원리는 강한 회전을 통해 응어리가 지고, 그것이 다섯 세계를 거치면서 변회변화를 통해 생활 세계에서 형물로 나타나는 것이다.

그렇다면 태극 세계는 무엇으로 알 수 있는가. 태극 세계의 증물은 흙덩어리이다. 이는 사발을 성형하는 과정에서 알아진 것이다. 흙을 주무르면 진기가 붙고, 그것을 뭉치면 토봉이 만들어진다. 이 토봉을 물레 중심에 얹어 놓고 물레를 발로 차서 돌린다. 이때 양손을 합장하듯이 모아 토봉을 맞잡으면 회전상승(回轉上昇)으로 토봉은 위로 올려진다. 그리고 토봉의 중심을 양 엄지손가락을 모아 누르면 회전으로 인해 씨알이 맺히는 것을 볼 수 있다.

이는 곧 우주 원리가 회전으로 인해 응어리, 곧 이치가 된 것이 씨알로 맺어지는 것을 눈으로 볼 수 있는 사례인 것이다.

두 엄지손가락을 토봉의 중심에 얹어 놓으면 회전으로 인해 그림이 그려지는데, 그것이 바로 씨알에서 비롯된 태극인 것이다. 이때 비로소 유무, 즉 있고 없고가 생긴다.

태극이 곧 중용이다. 치우침이 없는 것이다. 태극은 양극이 균형을 이루었을 때 제대로 그려지는 것이다. 이렇게 회전의 핵심에 맺힌 씨알에서 비롯되어 그려지는 태극은 양극이 팽팽한 균형을 이루며 무한정 확대된다. 이 때문에 태극은 끝이 없다고 말할 수 있는 것이다.

그러나 회전의 핵심에서는 태극이 그려지지 않는다. 모든 회전하는 것들을 유심히 관찰해 보면 그 핵심은 움직임이 없는 것을 볼 수 있다. 그러나 핵심을 벗어나면서부터 양극으로 분화되고 비로소 태극이 그려지는 것을 확인할 수 있다. 말하자면 회전의 핵심에는 우주 원리의 응어리인 씨알로 나타나고, 그것이 회전에 의해 핵심을 벗어나면서부터 태극이 형성되는 것이다. 우주의 핵심은 우주가 지키는 근본 자리이고, 태극 세계는 이어 옮겨가는 근본이라고 할 수 있다.

이는 물레뿐 아니라 모든 회전하는 물체, 손쉽게는 팽이를 돌려보아도 금방 눈으로 확인할 수 있을 것이다.

이처럼 하나의 흙덩이리가 회전 원리로 인해 씨알이 맺히고 태극 세계로 이어지는 증물을 눈으로 직접 볼 수 있는 것이다.

태극의 세계는 강한 회전으로 발화성을 일으키는데, 이때 수많은 등어리가 생기고 거기에 불이 붙어 별의 세계가 이루어진다. 거기에서 분리되어 나온 것이 태양, 지구, 달의 삼성 세계이다. 태양, 지구, 달, 삼합이 합치되어 내리기를 이루는데, 삼성 세계의 내리기는 장작으로 불을 때는 우리의 전통 가마에서 그 증물을 찾을 수 있다.

성냥개비 하나가 가마 전체를 불덩어리로 만들어 놓는데, 이때 가마는 태양의 증물이라고 할 수 있다. 가마 속에 채워져 있는 기물들은 별의 세계를 가리키며, 기물이 식으면 돌과 같이 되는데 이는 곧 달이라고 할 수 있다. 기물을 사용하여 오래 되면 흙이 되는데, 이를 지구라고 한다.

전통 가마는 이처럼 우주 세계로부터 삼성 세계로 이어지는 과정을 엿볼 수 있는 곳이다. 전통 가마에서 구워져 나오는 기물은 삼성 세계의 증물이라고 할 수 있다.

여기에 삼성 세계 중에서 지구 표면이 흙으로 덮인 지상에 생물이 나타나고 있는 세계가 자연 세계이다.

지구를 축소하여 보면 바윗덩이 위에 생물이 살고 있음을 알게 된다. 즉 사물이 없으면 생물이 일어나지 못하고 생물이 없으면 사물이 일어날 수 없는 것같이 태양빛은 하강하고, 지구상의 지기는 상승하며, 달빛은 중화를 하는 역할로서 기운을 받아서 지구상에 생명체가 일어난다.

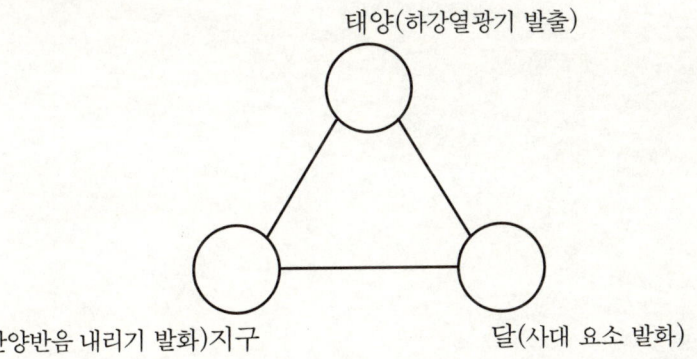

태양빛이 비추지 않으면 성의 기를 발화할 수 없고, 음기가 없으면 연결하는 힘이 없고, 지기가 없으면 생명체가 발을 붙일 수 없다. 그러므로 태양빛에 의해 삼대기화(三大氣化)에서 사대 요소가 마련되고 그것의 발화가 생물 세계이며 이것을 일러 자연 세계라 한다.

마지막으로 생활 세계는 생물들이 활동하는 세계이다. 생활이란 사대 요소로서 성의 기를 받고, 먹을거리로 생의 기를 받아 성기와 생기가 중화되는 데서 활기가 발기되며, 이 활기가 일어남으로 인하여 곧 활동이 되는 것이다. 그러므로 생활이란 우주로부터 이어져 연결된 흐름의 이음이 한 줄기 실오라기같이 연결되어 움직임으로 나타나는 것이다. 생활 역시 생사일로로 이어지는 삶이다. 그것을 증물로 대두시켜 보면 물레 위에 토봉을 놓고 양손을 맞잡고 물레를 발로 차면, 회전에 의해 상승하고 마지막으로 하강하는 원으로 돌아간다. 즉 생사일로가 우주로 연결된 회전으로 구부러지면서 본 자리에 돌아옴을 연결하게 되는 것이 공중 공기로 돌아가는 데까지가 바로 생사일로의 생활이다. 이러한 이치를 가지고 룰을 만든 것이 다도이다.

마사황토에서 찾게 되는 진기

마사황토는 지장수를 만들 수 있는 흙이다. 그것은 최고 화도(火度)에서 불순물이 제거된 백암(白岩)에서 연유되었기 때문이다. 이 백암은 태양빛과 달리 달의 음기와 지구의 증기가 합하여 자연의 색깔인 황토로 변한다.

자연에서의 이러한 변화를 증언할 수 있는 사실이 있다. 그것은 백암으로 된 백토를 태토로 하여 물레에서 성형된 형물을 잔반 위에 올려놓고 한 달 정도 두게 되면 황색으로 변하는 모습에서 찾을 수 있다. 그리고 더욱 오래 두면 황색은 흑색으로 변색되어 간다.

이러한 사실에서 황토가 되기까지의 과정을 정립할 수 있다. 이 내력이 바로 백암의 변화인 것이다. 이것은 우리가 흔히 차돌이라고 부르는 것이다. 이 지층을 찾아볼 수 있는 자리가 있으니 새등이요의 한 모퉁이에서 약간 지감할 수 있을 것이다.

이렇게 마사황토가 되는 백암은 둥글게 꺼푸리로 일어난다. 즉, 우주의 섭리에 따라서 마사황토가 되는 과정은 둥근 알 모양으로 꺼풀이 벗겨지는 순서를 갖고 있다.

이 마사황토는 세 가지 커다란 특징을 가지고 있다. 그 하나는 물의 혼합이 빠르고, 또 하나는 태양빛이 닿게 되면 건조율이 빠르고, 다른 하나는 불의 힘이 강하다.

이러한 특징은 그 내력이 마사황토가 자연 조건 속에서 만들어졌기 때문이다.

즉 마사황토는, 화도(火度)가 낮은 용수(溶水)는 미리 몰려 굳어지고 가장 마지막까지 맴돌아 친 불덩어리가 굳어진 암석, 백암에서 생긴 흙이라는 사실이다. 마사황토는 이 백암이 자연 섭리에서 만들어진 것이다.

그러므로 자연으로 만들어진 황토와 인공으로 만든 황토는 그 차이가 크다. 이러한 내력을 알지 못하고 착각과 오판을 하는 예가 허다하다. 근본이 틀리게 되면 뒤에 후유증(後遺症)이 따른다. 따라서 근본을 바로 세워야 올바른 것이라고 할 수 있다.

예를 들면 옛날에는 자연과 자연이 어우러져 회전이치거산(回轉理致去散)이 되풀이되어 왔다. 그러나 지금은 단지 문명이 발전에만 집중할 뿐 그 뒤에 따르는 공해는 문화화하지 않은 데서 후유증이 따르고 있다. 그래서 옛날과는 달리 지장수는 역수(逆水)로 변수(變水)되고 자연은 살인마가 되는 독성으로 변하고 있다. 그것은 모든 건축물이 석회이기 때문이다. 온통 시멘트를 사용하기 때문에 나타나는 현상이다. 여기에 자연 이치적인 방법을 활용하여 자연 중화되는 방법을 응용할 수도 있을 것이다.

지장수의 원료는 1미터 아래에서 채취한 마사황토이다. 그것은 백암으로부터 자연이 만든 황색을 갖게 된 마사황토라 할지라도 지표에서 40센티미터까지는 균(菌)과 충(筮)이 살 수 있다는 점을 감안한 것이다. 그러나 이 황토도 면밀하게 판단하는 분별력이 따라야 한다. 그것은 마사황토 속에 간혹 화도가 낮은 불순물이 섞여 있기 때문이다. 이것을 제거할 수 있는 안목과 판단력이 있어야 한다. 이렇게 채취한 마사황토를 제분소에 운반, 자연 건조하여 200 메시 입자로 분쇄하여 만든 것이 새등이 지장토이다.

이 지장토에 1대 5의 비율로 물을 섞어서 흙으로 만든 항아리 속에 8시간 두면 흙이 가라앉으니 자연 맑은 지장수가 된다. 이때 위에 뜨는 것은 걷어 버리고 맑은 물만 마신다. 이 물을 다 마시고 나면 앞의 방법과 같이 삼탕을 반복할 수 있다.

그러나 이 이상 반복하게 되면 진기를 다 마셔 버렸기 때문에 밑에 흙이 썩는다. 흙이 썩으면 역기(逆氣)가 되어 지렁이가 생기게 되므로 세 번만 반복한다. 그 반대로 한 번도 마시지 않고 그냥 그대로 두면 100일이 지나도 밑에 흙이 썩지 않는다. 이것을 보아 지장수란 황토의 진기를 마신다는 것이다.

그리고 주의해야 할 것은 물을 떠서 냉장고에 두거나 플라스틱 그릇에 담아 두는 일은 삼가야 한다. 그것은 그릇과 지장수가 중화되어 진기가 삭감되기 때문이다. 오히려 여름에는 단지 그대로 냉장고 안에 넣는 것이 좋다. 그러면 진기는 위로 뜨고 역기는 무거워서 그대로 가라앉는다. 가라앉은 흙은 썩어서 흑토가 된다.

이러한 사실은 증물로서 판단할 수 있으나 과학적으로 알지 못하는 점이 무척 아쉽다. 그것은 지감 또는 감별로서 느껴지는 감지에 해당되기 때문이다. 이 모두의 사실도 마음에 본심본성을 갖게 되는 공심(空心)만이 알 수 있다.

자연과 자연이 어우러지는 데서 마사황토로부터 발기되는 내리기가 생겨난다. 이 내리기는 변회변화하여 최초의 소생물이 일회종기신기발(一回終氣新氣發)로 돋아난 것이라 했다. 세상의 모든 것은 한 번밖에 없는 이음으로 이어지는 원리원칙이 따르기 때문이다. 그래서 마사황토는 보석 중의 보석으로 치는 황토이다.

이러한 사실을 증언할 수 있는 것은 도자사(陶磁砂)를 만들어 내는 태토 만드는 과정에서 실행된 사실과 가마 속의 철학을 발화성에다 연결해 본 결과이다.

나는 어릴 때 경북 영일군 기계면 미현동이라는 아름다운 마을에서 자랐다. 그때 보고 익혀온 기억을 되살려 보면 논 기슭의 옹달샘에 고인 물이 푸르면서 은색을 띤 것을 지금도 기억할 수 있고, 그 물이 진수였다는 사실을 더듬어 볼 수 있다. 아픈 사람이 찾아들면 어머니께서 하신 말씀이, "이곳에 오래 살면 병이 낫는다."고 하셨다.

포항 살던 고모님이 다슬기며, 육모초(금은화)를 채취해 가던 일을 지금도 생생히 기억한다. 그러나 요사이 많은 공해로 자연을 변하게 만드는 현실을 생각하면 우리의 삶을 세밀하게 재고해야 한다는 필요성을 느낄 때가 많다.

자연은 자연으로 돌려야 한다는 것이다. 오물에 썩은 황토를 태양빛으로 3개월만 쪼이면 도로 황토로 돌아간다. 이러한 사실에서 우리는 태양하강열광기가 생명체를 이루는 데 얼마나 필요한가를 자연이 알려주고 있지 않은가. 자연의 섭리는 서로 주고받기를 한다는 것을 깨달아야 한다. 이처럼 자연에 따른 연구가 활발해진다면 사람의 마음도 함께 어우러져야 한다. 그때 우리들은 마음과 마음의 본래 자리가 이해될 것이며, 진기에 해당하는 생명체라는 것도 알 수 있을 것이다.

황토 발화의 성태기와 생태기

우리나라에서 나이가 많은 사람은 황토에 대한 이해가 깊다. 그러나 황토에 대한 깊은 뜻을 알고 인식하는 사람은 드문 듯하다. 그도 그럴 것이 소재로서만 끌고 가는 인식이 뿌리 깊게 박혀 있기 때문이다. 또, 보이는 것만 추구하고, 각자 자기가 가진 실력에 맞춘 생각을 앞세우기 때문이다.

황토에 대한 상식을 가지려면 지수화풍(地水火風)에 대한 원리원칙을 투철하게 알아야 한다. 만일 이런 원리원칙이 투철하지 못하면 황토에 대한 이해가 정립되지 않는다. 우주로부터 이어져 오는 내력(來歷)에는 변회변화가 따르기 때문이다. 그래서 우주 흐름의 근본을 젖혀 놓고 각자 주장에 맞춘 상식에 현혹될 때 많은 사람들은 손실을 볼 수밖에 없다.

마사황토라는 것은 최고 강기를 가지고 있고, 진 황토는 다음 강기를 가지고 있으며, 적토는 가장 약한 기를 발한다. 그리고 검게 된 흙은 흑토로서 식물에 합당되는 흙이다. 이러한 사유로 동물의 생태기와 식물의 생태기는 주고받는 것으로 나타난다.

　마사황토는 최고 강기에 해당하는 성리(性理)를 발화(發化)할 수 있지만 그 다음 황토는 최고의 성리는 발화할 수 없고 성기(性氣)로 변한다. 곧 마사황토는 최초에 해당하는 모든 생물을 소생시키는 성질을 가지고 있고, 그 다음 황토는 최초에 해당하는 생물을 소생시킬 수 없다는 뜻이다. 그것은 최고 강한 성기 발화는 될 수 없음을 뜻한다. 이것이 우주로부터 시작된 이음에서 일어난 최초에 해당되는 마사황토와 그 다음 황토와의 차이인 것이다. 즉, 마사황토와 일반 황토는 그것이 맥을 이어 온 내력이 다르다. 여기에서 오판과 착각으로 몰고 가는 실행이 따르게 된다.

　흙은 크게 네 가지로 분류할 수 있으니 흑토(黑土), 적토(赤土), 마사황토(磨砂黃土), 백토(白土)이다. 흑토에는 약한 식물이 소생되고 마사황토에서는 식물이 강기를 가지고 자란다. 그러나 돌에는 생물이 소생할 수 없다. 돌이 풍화에 의해 석놀이 되었을 때 생물 소생이 가능한 것이다. 이런 상식적인 사례는 우리가 얼마든지 관찰할 수 있는 내용이다.

　암석 또는 방석에는 생물이 살지 못하고 돌이 썩어서 흙이 되었을 때 비로소 생물이 소생한다. 이와 같은 현상은 태기(太氣)는 발화되지만 성기(性氣)는 발화되지 못하기 때문이다. 내가 이렇게 말할 수 있는 것은 돌과 흙을 다루면서 많은 체험을 하였기 때문에 가능한 것이다. 흙을 불에 구워 돌을 만들어 보았고, 구운 돌을 연구해 본 결과에서 나온 내용이다. 불을 때는 데 있어서 화도에 의해서 돌이 되는 과정에서 찾아낸 상식으로 이는 도자기를 만들어 30년을 두고 풍화 작용을 시켜 연구한 결과이다.

　그래서 태기(太氣)에서 변회변화로 변기(變氣)된 것이 성기와 생기를 가지고 있는 분별(分別)로 나타난다. 마사황토는 성기와 생기가 함유되어 있고 그냥 황토에는 약한 성기와 약한 생기가 함유되어 있다. 그러므로 마사황토에서 그냥 황토로 변회변화된 것은 흙이 늙은 것이라고 할 수 있다. 이 말은 모든 생물은 한 번밖에 없는 마사황토에서 최초로 소생되나 그 다음은 생물과 생물끼리 상호교에서 맺어지는 변회변화로 이어지기 때문이다. 생물은 그만큼 노토(老土)의 생명체를 받아 이어짐을 뜻한다. 이러한 모든 근원근본을 알게 될 때 황토에 대한 마땅한 사고가 정립되는 것이다.

우리나라 흙이 좋다는 것과 모든 생물이 강기를 가진다는 것과 지수화풍의 발활이 좋다는 것은 반드시 그만한 이유가 있다. 그것은 우리나라 위치가 삼성 세계에서 태양하강열광기가 가장 알맞게 비추어 삼성 합기를 중화하는 지점이기 때문이다.

이는 춘하추동에 따른 푸른 식물에서 찾아볼 수 있다. 몇 개월 만에 없어지는 개월초, 그리고 다양한 식물들 모두 생명체를 유익하게 한다는 것을 보면 알 수 있다. 여기에는 보이는 사고와 보이지 않는 것에 대한 사물의 판단이 서는 판단력이다. 우주로부터 분리된 삼성 세계이니만큼 그 소생물에게도 좋고, 역하고, 독한 것이 있으므로 이것을 분별하게 되는 판단력이 뒤따라야 한다. 판단력에는 거듭되는 연마술이 뒤따라야 하며, 이때에 보이는 혜안(慧眼)과 들리는 혜문(慧聞)이 열려서 달마술(達磨術)에 도달했을 때 가능한 일이다.

무형국으로 된 우주에서 연결된 태극 세계를 거쳐서 삼성 세계의 내리기로부터 일어난 성기와 생기가 어우러져서 모든 생물체가 형성된다. 이러한 사실을 연결할 수 있는 증물이 흙이다. 이 흙은 물을 감돌게 하고 감돌아진 흙덩어리를 불에 구우면 돌이 된다.

돌은 다시 풍화 작용으로 흙이 되는 가운데 함유된 합체가 곧 지수화풍의 작용이다. 이 속에 모든 진리와 역리가 있고, 진정과 역정의 과정이 있으며, 이로서 잘못 판단하면 착각하고 모르면 오판을 하여 자업자득(自業自得)을 만든다.

이로 인하여 맺히는 곳이 사람의 얼굴이다. 진기가 어우러지면 자연의 꽃과 같이 아름답고, 역기로 어우러지면 자연의 지는 꽃과 같이 추하게 된다. 여기에서 아름답다는 것은 옳고 그름의 판단에서 맺어지니 올바른 마음을 가져야 한다. 이로써 후대에 본 바가 있게 하는 것을 말한다. 마땅하지 못한 것은 아는 사람의 설명으로 설득케 하여 고쳐 주어야 할 것이요, 마땅한 것은 따라 배워야 한다. 여기에 물욕, 명예욕, 허영심은 적당한 선에서 요구되어야 한다.

이럴 때 아름다운 자연과 같이 어우러지는 삶이 되고 일회종기신기발(一回終氣新氣發)로 연결되어서 연명체를 구성하는 진리가 따르게 된다. 반대로 본성을 상실하면 어우러진 체구가 흩어지고 바로잡는 리듬이 무너질 것이며, 이때는 역기가 도사려서 진기를 삭감해 버리는 결과가 따른다.

그러면 인간의 심장은 정회전을 하지 못하고 역회전으로 전신의 어우름을 부수고 만다. 이때 사대 요소를 가진 마사황토를 활용하여 모자라는 입자를 몸소 갖게 하는 요인이 필요하다. 그것은 마사황토에서 성기를 얻으면 입맛이 돋아 먹을거리로 생기를 이룰 수 있기 때문이다.

삶과 일

 삶은 곧 일이요 일은 곧 삶이다. 인간의 삶에서 일이 없다고 하면 죽음과 같다. 따라서 사람이 움직인다는 것은 곧 일에 속하는 것이다. 사람이 움직이는 것은 모두 일이기는 하나, 일은 또한 무엇을 위해서 움직이는가 하는 목적에 따라서 구분된다.
 일의 종류를 구분해 보면 크게 나누어 먹을거리를 구하기 위한 일과, 놀고먹는 일로 구분된다. 먹을거리를 갖게 하는 일도 다시 두 가지로 구분되니 즐거운 마음으로 하는 일과, 하는 수 없이 억지로 괴로운 마음을 가지고 하는 일이 그것이다. 이 두 가지 일에 대한 시간은 동일하게 소모되나 각자 다른 삶의 테두리를 가지고 있다. 그렇다면 과연 우리는 어느 것을 선택해야 할 것인가.
 일을 함에 있어 진실한 마음을 가진 사람은 기쁘게 일을 하고, 욕심이 차 있는 사람은 그 반대 현상으로 나타난다. 예를 들면, 각자 자기의 일을 하는 사람은 시간 가는 줄 모르게 짧게 느끼고, 남의 일에는 지루하다는 느낌을 갖는다. 이는 진실한 마음을 가지고 하는 일은 짧게 느껴지고, 욕심과 역심이 동하여 하는 일은 지루하고 괴로운 일이 되기 때문이다. 따라서 어떻게 마음을 먹느냐에 따라 즐거운 일이 되기도 하고 괴로운 일이 되기도 한다.

또한 마음속에서 괴로움을 떨쳐 버려야 광범하게 생각하는 사고가 나타난다. 이러한 광범한 사고에는 한 사람의 마음가짐이 실행·실속이 모아져서 하나로 집중될 때 일어나는 사고이다. 반대로 욕심과 역심은 마음이 흩어지게 되고 혼자만이 고집하는 사고를 갖게 되는데, 이때 사람은 소심해지며 아량은 베풀 수 없게 된다.

그리고 마음이 즐겁고 편안한 것은 본심을 일으키는 본성이 동하기 때문인데, 이때 사람은 광범해지고 아량을 베풀 수 있게 된다. 그것은 상호간의 본심본성이 활용되어 포용하는 지량이 일어나기 때문이다. 그러나 사람의 마음이란 눈으로 볼 수 없기 때문에 아무리 정설(正設)을 한다 해도 각자 마음에 합당하다는 느낌을 갖지 못하면 정확한 판단력은 상실하고 마는 것이다.

또한 성실하고 부지런한 사람에게는 반드시 그와 같은 인연이 맺어진다. 그러나 그 인연을 자칫 놓치는 경우가 있는데, 그것은 마음속에 의심과 욕심을 갖고 있어 상대방을 믿지 못하기 때문이다.

하지만 혜안이 열린 사람은 행동과 언어 속에 나타나는 것을 보아 상대방의 수준을 관찰할 수 있다. 때문에 소인은 대인을 알 수 없으나 대인은 소인을 헤아려 볼 수 있다.(小人不知大人, 大人能知小人).

사람이 진심을 가지고 일을 하면 시간이 짧게 느껴지고, 거짓된 마음을 가지고 일을 하면 시간이 길게 느껴진다. 그렇기 때문에 역심 또는 욕심을 버리고 진정한 애증(愛憎)의 증자탑(證恣塔)을 쌓아올리는 노력이 필요하다. 증자탑이란 아픔과 괴로움, 쓰라림과 배고픔, 학대의 고비를 딛고 일어서서 배부른 부자가 되어 즐거운 경지에 도달하여 아량을 베풀고 옳고 그름을 정확하게 판단하는 경지를 말한다. 이것이 바로 성실이 바탕이 된 진정한 애증이 불러오는 진실한 사랑이다. 이러한 사랑에는 마땅한 것은 칭찬하고 그릇된 것은 꾸짖어 주는 교훈이 필요하다. 이와 같은 사랑이 담긴 지도에 따라서 일에 순서와 기술이 붙게 되고, 솜씨의 조화가 일어나고, 능력과 실력을 가지는 인증을 받으며, 그것이 본 바가 되어 따라 하는데, 이것이 바로 전통이다.

따라서 이 세상에는 먼저 태어난 사람의 뒤를 이어 그 본 바가 기본이 되어 발전하면 조화가 일어나기 마련이다. 조화라고 하는 것은 회전에서 일어나는 힘으로, 힘들지 않고 쉽게 성취되는 경지를 말한다. 그러므로 조화는 한 번에 일어나는 것이 아니라 각자가 한 일을 거듭하는 데서 붙게 되고, 전문가는 이 조화 때문에 일을 쉽게 할 수 있다.

이 세상에 태어나는 사람은 누구나 일이 따르게 마련인데, 그중에 가장 큰 사명은 한 번밖에 없는 생명체를 이끌어 가는 것이다. 그러므로 먹고 입고 잠자는 일을 해결해야 하며, 일어나서 일하는 자리를 만들어 가야 한다.

고대는 물물교환이 필요했고, 지금은 물물교환을 대신하여 돈이 필요하다. 그러고 보면 생명체를 이끌어 가는 근본이 돈이며, 그 돈을 만드는 것이 바로 진실되게 하는 일이다.

일이란 우주로부터 이어져 내려온 것이다. 우주는 우주의 일을 하고, 태극은 태극에 대한 일을 하는 것이며, 삼성 세계의 모든 생물 가운데 인간 생활 역시 삶에 대한 일을 하는 것이다.

 하나의 일은 마땅한 결과를 갖게 되고, 결과로 인하여 결실을 맺게 되며, 결실은 다시 새싹이 돋아나는 되풀이를 통해 변회변화로 이어져 생사일로로 연결된다.

 그러므로 일이란 삶의 실오라기 같은 연결이 죽음까지 이르는 것을 뜻한다. 우주로부터 이어져 내려오는 이음의 연결인 것이다.

 때문에 살아 있는 동안에는 일을 즐겁게 하는 기쁨으로 삶을 마쳐야 하며, 이런 사람은 죽어 공중 공기가 되어 우주 원리로 되돌아가게 된다. 따라서 일은 마찬가지 일이로되 일에 대한 조화가 일어난다면 그 일은 즐겁고 기쁜 일이 된다는 것이다. 여기에서 인간의 삶은 모두 즐거움으로 살아야 하는 것임이 분명하다.

살기 위한 집

 인간이 지상으로부터 소생된 먹을거리로 연명하는 활동을 하다가 쉬는 자리가 바위 밑 또는 은신처인데, 그것이 발전된 게 곧 초가집이다.
 이 초가집은 처음에 은신처로 사용하는 삶의 터전이 발전된 모습이다. 즉 여러 가지 생활에 대한 필수품을 만드는 데 연상되는 생각이 온돌방이며 그 자리에 기둥을 세우고 초가로 만든 것이 지금의 초가집이라 할 수 있다.
 초가집을 짓는 데는 본심본성으로 구성해야 한다. 구들을 따스하게 하는 방법은 체온을 인용(引用)한 것으로 아궁이는 먹는 입을 따고 구들은 뱃속 내장의 흐름을 딴 소뇌와 같은 역할을 한다. 그리고 연기가 나는 굴뚝은 항문과도 같은 역할을 한다. 이 초가집은 이치를 추구하는 증물이 되는데 세밀하게 파고들면 더 인체 오장육부와 같은 철학이 숨어 있다.
 기둥은 비틀어지고 일그러져도 중심을 차지한 회전 핵심이 들어 있다. 그런가 하면 봄이 되면 박을 심고 푸른 넝쿨로 여름 지붕을 장식하고, 가을이 되면 고추와 대추를 널어 한 폭의 그림을 그려 놓고, 겨울이 되면 묵은 때를 털어 버리고 맑은 흰색으로 장식하고, 처마 밑에 매달린 고드름은 아이들의 노리개가 되어서 자연 미술의 안목을 마음속에 심어 준다.

이러한 것은 어린이의 본 바가 되어 가슴 깊이 간직하게 하는 교양 교재이기도 하다. 그리고 소나무 가지에서 잠자던 새들에게는 이불이 되어 주었고, 가지마다 설화(雪花)로 꽃을 피우는 설경은 녹지 말았으면 하는 아쉬움 속에서도 태양빛은 서슴없이 은빛 같은 흰 눈을 없애 버리는 냉정함을 보여서 그 누구도 막을 수 없는 자연의 위대함에 놀라게 하기도 한다.

이런 자연과 더불어 살던 때는 말없이 사라지고, 과실을 먹으면서도 온 천지에 뿌려지는 농약의 독소를 의심해야 하는 세상에 살게 되는 것이 오늘의 모습이다.

그러고 보면 더더욱 아름다운 회상의 실마리는 멀어지고 어린 가슴에는 본 바마저도 달라지고 있다. 그뿐만이 아니라 엄마의 생기를 받아서 생장하여야 하는데 소의 생기를 받고 자라는 어린아이들의 육성의 문제도 생각해 보아야 한다. 어린아이를 기르는 모성은 이처럼 자연을 배경으로 하는 초가집과 같은 깊은 뜻이 담아진 뜻을 새겼으면 하는 바람이다.

마사황토 방에 발화되는 오묘

 황토로 만든 방을 황토방이라고 하는데, 여기에서 황토라고 하는 것은 마사황토(磨砂黃土)를 말한다. 그리고 이러한 황토가 되기까지 우주로부터 이어지는 흐름의 고비는 변회변화로 연결된다. 연결된 삼성 세계 가운데 가장 먼저 불이 꺼진 지구의 반화반석(牛火牛石)에서 유지되고 있는 용수(溶水) 중에서 마지막까지 불덩어리로 있다가 식은 것이 백암이다. 이 백암이 산화(散化)된 흙을 마사황토라고 한다. 그러니까 백암은 삼성 내리기 중에서 진기발화하고 진성발화되는 원소(元素)의 근원(根源)인 것이다.
 이 원소의 근원이라는 것은 모든 사생물(事生物)의 원인(原因)을 말하는 것이며, 그 원인은 사대기(四大氣)라고 하겠다. 이 사대기는 지수화풍(地水火風)을 말하는 것이며, 지수화풍에도 세 가지 종류로 분류되는 진(眞), 역(逆), 사(死)로 구분되므로 이러한 기(氣)이기 때문에 사대진역사(四大眞逆死)로 나타난다. 다시 말하면 진기(眞氣), 역기(逆氣), 사기(死氣)로 구분되는 것이다. 여기에서 말하는 진기는 태양하강기(太陽下降氣)와 지상상승기(地上上昇氣)가 상호교에서 발화하는 기(氣)에 해당되며, 역기는 월암으로부터 발화되는 음기와 삶에서 만들어 내는 발출기(發出氣)이며, 사기(死氣)는 진기로 구성된 삶을 잃게 하는 기를 말한다. 이러한 사대기가 발출되는 것은 마사황토가 최고 강기에 해당되고 그 다음은 기타 등등의 토(土), 암(岩), 석(石)이다.

여기에서 최고 강기를 발출하는 마사황토에다 화열(火熱)을 가해 주는 방법이 있다. 그것은 식물이 소재가 되는 것이 그 첫째이고, 두 번째가 전기를 활용하는 것이며, 세 번째가 원자를 이용하는 방법이다. 이때에 수맥열이라든가 온수를 활용하는 것은 금물이다. 그것은 사기(死氣)가 발출되는 요소에 해당되기 때문이다.

그런데 마사황토는 화열(火熱)을 받으면 진성생기(眞性生氣)가 발화발출(發化發出)되므로 인간에게 건강을 유지하게 한다. 이는 직접 체험해서 얻은 상식이다.

나는 이로써 전신암을 고치게 되었다. 이 사실은 황토방에서 얻은 지감이며, 땀이 변화되는 것은 구수한 누룽지 같은 방안 냄새가 풍겨지는 데서 지감할 수 있었다. 그것은 6년 동안을 황토방에서 살아온 체험은 물론이고, 그 속에서 일어나는 상황을 찾아내는 관심관찰에서 가능하였다.

그런가 하면 30분만 황토방에 있으면 피곤은 물러가고 스스로 느껴지는 판단력을 분별할 수 있다. 또 역심과 욕심을 가지고 있는 사람은 5분을 그 방에서 견뎌 내지 못한다. 어떤 사람은 머리가 아프기 시작하고, 또 어떤 사람은 어깨가 더욱 쑤시는 걸 느끼게 된다. 그때 마음을 비우면 그런 증세는 없어진다. 그래서 이 마사황토방은 요술쟁이 같은 방이라고 느껴질 때가 있다. 마사황토(磨砂

黃土)라는 이름도 거기에서 나온 것이다.

　이 마사황토방에 불을 지피고 오물을 가져다 놓아도 순식간에 그 악취는 없어진다. 황토방에서 담배를 피워도 그 냄새가 사라지고 또한 병자에게서 나는 악취도 바로 없어진다. 그러나 이 마사황토방을 짓는다 해도 그 규격이 맞지 아니하면 내가 말하는 것과 같은 사실을 얻기가 힘들다.

　따라서 이 황토방의 벽 두께는 40센티미터가 되어야 하고, 황토방의 높이는 사람이 앉아 있을 때 주먹 세 개를 얹을 높이가 되어야 한다. 그리고 넓이는 각자의 몸의 두 배를 넘지 말아야 한다.

　모든 사물에는 성기가 함유되어 있으나 여기에서 말하는 마사황토는 더욱 강한 성기를 발출함을 지금까지 설명하였다. 이것은 한국 건자재 시험 연구소에서 규명한 원적외선과는 약간 다르다고 나는 믿는다. 그것은 느낌에서 오는 차이점이다.

　이렇게 발화되는 것이 성기이며, 먹을거리에 발화시키는 것이 생기이고, 이 생기를 변화시키는 것이 움직일 수 있는 활기이다. 그러므로 성기와 생기가 합치를 이루는 데서 일어나는 중화된 기가 활동이다. 이 활기가 활동하여 변회변화가 어우러지면서 이어가는 것이 늙음이다.

　활기가 변성되는 역기로, 늙어서 이 역기가 몸에 심하게 따르게 되면 건강에 지장이 오게 된다. 이때에 그 중심을 잡아주는 것이 마음과 황토이다. 마음은 심장이 주축이 되어 있으며 순회전이냐 역회전이냐에 따라서 일어나는 증세가 다르다.

　결국 진기의 양과 역기의 양이 어느 한쪽으로 치우치게 된다. 이러한 사실을 나는 심회전(心回轉)의 결과라고 할 수 있으며, 그것을 우리는 죽고 사는 것이라 말한다.

이때 마음을 본심본성으로 가지면 정심(正心) 회전이 되어 건강을 보유할 수 있고 또한 마땅함을 분별할 수 있다. 그러나 역심(逆心) 회전이 되면 진실을 분별할 수 없다. 그런데는 진기와 역기가 싸우게 되어 있다. 역기에 치우쳐 있을 때는 병을 고치기 어렵게 된다.

이렇게 되기 전에 미리 성기를 구축시켜야 하는데, 마사황토방이나 마사황토 침대를 사용하여 병을 막아 내야 한다. 특히 요사이 건축물에 사용되는 재료가 석회질이 대부분을 차지하고 있다. 따라서 이 석회로부터 발화되는 역기를 중화시키는 방법은 바로 흙과 화력의 양에 따르는 것이다. 이 모든 사실이 이해된다면 흙을 이용하는 건축 방법이 대두되어야 할 것이다.

그리고 보면 산업에 사용되는 기구의 고안이며, 생활에 필요한 필수품들이 발출되는 기를 활용하는 방법이라 할 수 있다. 모두 눈으로 보이지 아니하나 일부 공해를 중화시킬 수 있는 흙을 활용하는 묘안을 찾아야 할 것이나. 이러한 생각에서 찾아낸 것이 마음만 비우면 어떤 병도 고칠 수 있다는 마사황토방을 만들었고, 그것을 활용하여 황토 침대를 발명하였다.

이런 일련의 구상은 저자가 오물에 썩은 흑토마저도 태양빛이 닿으면 3개월 이내에 황토로 되돌아간다는 사실을 실험에 의해서 확인하였기 때문에 가능하였다. 이처럼 자연을 활용한 것은 대대로 옹기장이 딸로서 흙에 대한 인식이 어머니 뱃속에서 익힌 내리기에 의한 것이리라 믿어진다.

그래서 문화일보를 통해 1994년 9월 3일에 공개된 구정사발, 그리고 문화일보 1994년 6월 22일에 세상에 최초로 마사황토를 공개한 것이 황토예찬이다. 그 외에도 언론에 기사화되어 여러 번 공개되었다. 이런 사실들은 모두가 삶의 증언이 되는 솔선수범으로 겪은 체험으로 비롯된 마사황토의 오묘함이다.

황토요와 황토방을 활용하는 마음가짐

일반적으로 황토방이라고 하면 땀을 흘리는 찜질방이라 착각하고 있다. 그러나 땀을 흘리기는 하나 그 땀의 종류가 다르다. 황토방이라 하면 나무를 때 열을 가하는 것이고, 황토요는 전기로 열을 가하는 방법을 말한다. 따라서 황토요보다는 황토방이 더욱 효과적이라고 할 수 있다.

그것은 자연과 자연이 어우러지는 가운데 발화되는 이치가 따르기 때문이다. 그리고 새등이 황토요와 황토침대는 시각적인 아름다운 것보다 건강을 유지하고 자연과 자연이 어우러지는 것을 중심으로 전기로서 활성화시킨 것이다.

요사이는 전자파에 대한 피해가 많이 우려되고 있다.

그러나 새등이 황토요, 황토 침대는 다만 황토의 양이 황토방보다는 적고 방안이 넓은 관계로 소모되는 기와 발화하는 열기의 형평이 맞지 않는 것이 탈이다. 이런 측면에 비해서 또 어떤 특정 부위를 덮거나 하는 데는 적당하다.

황토방의 실태나 황토요에 대한 비교는 사용하는 사람의 마음과 용처에 따라서 서로 차이가 나타난다. 따라서 이것들을 사용하는 사람은 그 열을 활용하는 요령을 무시하지 말아야 한다.

　황토요를 사용할 때 가장 중요한 것은 척추를 요에다 대고 열을 가해 주는 것이 이상적이고 현명한 방법이다. 척추는 모든 피의 순환을 원활하게 해주는 역할을 담당하고 있기 때문이다. 그래서 이불을 활용하여 열을 보호하는 방법을 잊지 말아야 한다. 그리고 몸이 식지 않도록 주의해야 한다. 그렇지 아니하면 병기로 발화되는 것이 공기와 더불어 활성화를 이루기 때문이다.

　그러나 황토방은 이불을 사용하지 않으니 그것은 황토방에 있는 진기로써 병기를 삭감하기 때문이다. 위독한 병자는 죽을 각오를 가지고 다스리지 않고는 병을 고칠 수 없다. 죽든가 살든가 양단간의 결심을 가지고 치료하는 것이 마땅하다. 이래도 죽고 저래도 죽을 바에는 그렇게 하는 것이 올바른 선택일 것이다.

　이때 땀이 많이 솟아나지만 이 땀은 역기이기 때문에 힘이 빠진다던가 기운이 없어지는 땀이 아니라는 것을 알아야 한다. 그 증거는 이 땀은 물과 같이 싱거워서 전혀 짠맛이 없다는 것이다. 그리고 황토방은 사방 벽이 바로 산소 바가지이다.

　이 말은 황토방 벽에서는 발화되는 진기가 솟아 나온다는 것이다. 이렇게 진기가 발화되지만 각자 마음가짐에 따라서 발화시키는 진기를 흡수하지 못하게 되는 것이 역심을 갖는 사람의 심회전이다. 이 말뜻은 진기는 진기와 어우러질 때 비로소 활기를 만들 수 있다는 것이다. 그러나 반대로 병자 자신의 욕심, 역심, 그리고 배타심은 가벼운 진기를 삭감하여 역기로 변화시킬 힘을 가지고 있기 때문에 병 치료에 도움되지 않는다.

그러니까 황토방은 무서운 것이기도 하고 또 즐거운 것에 해당
되는 방이기도 하다. 그것은 성기로 활기를 발화하는 요소를 가지
고 있기도 하며, 역기로 몰아세우는 기력이 뒤따르기 때문이다.

그러므로 진정한 본성을 가지고 적당한 식욕에 따라 음식을 먹
고 생기가 발화되어 활성이 되면 생명체를 이룰 수 있다.

이때 도를 이해하는 사람은 단기 치료가 가능할 것이며, 그렇지
못한 사람은 장기 치료가 필요하다. 단기 치료의 열도는 110도라
고 하면, 장기 치료는 60도에서 80도까지 유지되어야 한다. 그러
나 죽을 때까지 황토방과 침대는 항상 함께 하고 살아야 한다.

이것은 병을 가진 사람은 조열을 가해 주지 않으면 곧장 역기를
감당하기 어렵기 때문이다. 그래서 황토방 치료는 섣불리 시작하
면 안 된다. 만약 황토방에서 치료를 하다가 중지하게 되면 죽을
때 쉽게 죽기도 하지만 20일을 경과하는 일이 드물다. 그래서 무서
운 것이 황토방이다.

그러나 황토요는 그런 부담감이 따르지 않는다. 손쉽게 할 수 있
는 대신 황토방만큼의 효력을 보지 못한다. 그래도 본심을 돌려세
울 수 있는 마음가짐을 가질 수 있다는 것이다. 그래서 황토방에서
시작한 병자는 황토방에서 살아야 하고, 황토방에서 살아가는 병
자는 황토요를 떠나지 말아야 한다. 이렇게 하면 조금씩 세포가 사
라지면서 체질을 바꾸어 놓는 역할을 한다. 그래서 장기적으로 병
과 함께 살아가면서 건강을 되찾게 되는 것이 황토요, 황토방이다.
그러니까 바깥에 나가 일을 하다가 감기 기운이 있거나 몸이 불편
하면 곧장 황토방이나 황토요에 되돌아가는 것이 가장 중요한 일
이다. 이러한 모든 것은 저자의 체험에서 얻은 상식이다. 이러한
생각을 갖는 데는 구정사발의 철학을 원용한 것이다.

| 닫는 글 |

빛깔의 재현을 위하여

  6년 만에 지핀 가마에서 꺼낸 그릇들 중 내 마음에 드는 작품은 단 한 점도 나오지 않았다. 이번에 제대로 작품만 나오면 6년 동안 찾아보지 못한 하야시야 세이조 선생을 만나 작품을 보여 주고, 일본 전시도 할 생각이었다.
  가마를 헐고 그릇을 하나하나 꺼내면서 많은 생각들을 했다. 이번 가마에 불을 넣으면서 빛깔이 제대로 나오고, 사상을 정립해 쓴 책이 출간되어 나오면 내 인생은 마감할 수 있겠구나 하는 생각도 했다. 그러나 아직 살아 있어야 할 이유가 있다. 아직도 깨닫지 못한 무엇이 있기 때문이다.
  그릇을 꺼내자 빛깔이 시시각각 변화하는 것을 보고 구경을 온 사람들은 모두 감탄사를 연발했다. 그릇이 색깔이 변하는 것을 흙의 본심본성을 찾아가는 과정이라는 설명을 하자 구경꾼들은 비로소 그릇이 살아 있다는 것을 실감한 모양이다.
  전시장으로 그릇을 옮겨 와 하나하나 다듬으면서 그릇마다 개성

가마굴에서 사발을 꺼내자 사발은 금세 본심본성을 찾아 변화되었다.

에 맞게 잘 손질을 했다. 비록 원하는 색깔은 나와 주지 않았지만, 나름대로 다 아름답고 소중한 것이기에 누군가의 눈에 띄어 잘 쓰여 주기를 바라는 마음에서였다.

그렇게 정리를 하고 나니 몸살 기운이 돌았다. 그도 그럴 것이 사나흘을 잠도 못 자고 불을 땠으니 일흔다섯 노구에 무리가 올 만도 했다. 며칠을 황토방에 불을 뜨끈뜨끈하게 때놓고 몸을 잔질구니 다시 회복이 되었다.

한 번 죽을 고비를 넘긴 몸이다 보니 늘 이렇게 생기가 부족하다. 황토방이 없으면 정말 다시 일을 할 수 있을지도 모를 일이다. 황토가 생명의 흙이라는 것은 나 스스로의 체험으로 입증한 바 있지만, 얼마 전에는 아주 신기한 일이 있었다.

우리 가마에서 구운 꽃병에 2월에 매화를 꺾어 꽃꽂이를 해놓았는데, 얼마 안 가 시들시들해졌다. 그래도 물을 계속 주니까 신기하게도 다 시들어 말아 비틀어지던 가지에서 꽃이 다시 피어나는 것이었다.

물론 꽃은 처음 가지에서 막 꺾었을 때처럼 싱싱하게 피지는 않고 약한 기운으로 비실비실하게 피었지만, 새 생명을 피워 올린 것이다. 그리고 얼마 안 있어 푸른 가지가 올라와 꽃병에서 꺼내 보았더니 거기에 뿌리를 내리고 있었다. 이는 황토로 빚고 전통 가마로 구운 기물이 살아 숨 쉬는 생명을 살리는 그릇이라는 것을 입증해 주었다.

그 꽃은 몇 달이 지나도록 아직도 약하게나마 그 생명력을 가지고 피어 있다.

그 꽃을 보면 마치 내 모습을 보는 것 같다. 황토방에서 살아 나온 목숨이나 황토로 빚은 그릇에서 다시 피는 꽃의 운명적인 연대

전통 가마와 황토의 놀라운
생명력을 확인시켜준 매화꽃.
사진은 2000년 7월 24일에
찍은 사진이다.

감이랄까.

비록 실오라기처럼 가는 생명줄을 이어가지만, 결코 쉽사리 죽지 않는 생명력도 닮아 있다.

지금 나는 다음 가마를 준비하고 있다. 아름다운 다완의 빛깔을 찾아 아침 6시면 도막에 나가 성형을 한다.

얼마 전 후배를 만났는데, 나를 보고 왜 일을 하느냐고 이제는 그만 쉬라고 한다. 하지만 일을 하는 것이 즐겁고 행복하다. 일에 욕심을 부리지 않고, 내가 감당할 수 있는 만큼의 일을 하면 되는 것이다.

더욱이 나에게는 아직도 완성을 이루지 못한 정호다완 빛깔의 재현이라는 목표가 있기 때문에 손을 놓을 수 없다.

정호다완을 완벽하게 재현하는 일은 결코 쉬운 일이 아니다. 물론 욕심만 버리면 된다. 하지만 사람이 살아 있는 동안 욕심을 버리는 일도 쉽지 않다. 완벽하게 무심의 경지에 드는 일은, 그렇게 의식을 하는 순간부터 욕심이 붙는 것이므로 정말 쉬운 일이 아닌 것이다.

하지만 어느 우연한 순간에 내 마음이 비워져 살아 있는 동안에 사발이 재현되기를 기다린다.

그렇게 정호다완을 재현하면 평생 내 다완을 평가해 준 하야시야 세이조 선생을 만나 일본에서 전시회를 가질 예정이다. 우리나라 사람들도 우리 사발의 내력을 알고 그것이 얼마나 소중한 것인가를 알게 되는 계기가 되었으면 한다.

그 일을 마무리하면 이 터전은 처음부터 마음먹은 대로 후배에 물려주고, 나는 여기를 떠나 다른 곳에서 남은 생을 보낼 작정이다.

나는 자연주의자다. 인간은 자연에서 나서 자연으로 돌아간다. 그렇기 때문에 우리가 잠시 머물다 가는 이 자연을 소비적으로 사용해서는 안 된다. 나는 합성 세제도 잘 쓰지 않는다.

집 주변에 잡목이 우거지고, 풀이 한길만큼 자라도 될 수 있으면 함부로 손을 대지 않는다. 꽃, 풀, 나무, 돌, 하나하나에 모두 우주의 원리가 들어 있고 그런 생명체들은 우리 인간과 다를 바 없다. 그러기에 농약을 친다거나 낫을 들거나 하는 일은 절대 하지 않는다.

우리 집 주변에는 여러 식물들이 서로의 본심본성을 가지고 어우러져 살아간다. 사람의 삶도 이와 같아야 한다는 생각이다.

본심본성을 가지면 문제가 생길 것도 없다. 내가 물러난 뒤 이 터전을 이어받은 후대들이 이 터전에서 자연과 더불어 살면서 그 이치에 따르면서 내 철학을 추구하는 삶을 살았으면 한다. 그래서 이런 전통이 영원히 이어졌으면 하는 게 내 바람이다. 그렇게 하기 위해서 준비를 하고 있다.

도예가 최차란의 '나의 삶 나의 영혼'

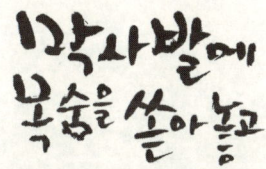

2008년 5월 28일 초판 1쇄 인쇄
2008년 6월 3일 초판 1쇄 발행

지은이 崔且蘭
발행인 許萬逸
발행처 華山文化

등록번호 2-1880호(1994년 12월 18일)
전화 02-736-7411~2
팩스 02-736-7413
주소 110-043 서울시 종로구 통인동 6, 효자상가 A 201호
e-mail hwasanbooks@yahoo.co.kr

ISBN 978-89-86277-89-0 03810

ⓒ 최차란, 김순자. 2008

※ 잘못된 책은 바꾸어드립니다